税務調査立会い
年間200件！
ギリギリを攻めたい社長のための
グレーな税金本

人気税理士YouTuberによる
合法的節税術

永江将典
Masanori Nagae

信長出版

はじめに

「税理士が、節税に積極的ではない」

そう感じたことはないでしょうか。

同じ税理士の立場の私から見ても、7割ほどの税理士が節税に消極的です。自ら進んでアドバイスをする税理士のほうが希な気がします。

しかし、それはある意味、仕方のないことです。税理士の仕事は、クライアントへの納税のアドバイスや申告書の作成、会計業務のサポート、さらに、自身の事務所の経営管理……と、多岐にわたります。1人ではとても手が回りません。そのため、「税理士さん本人とではなく、普段は事務所のスタッフの方とやりとりをしている」という社長さんも多いのではないでしょうか。

しかも、近年は税理士の世界も価格競争が激しく、ある程度の数の契約をこなさないことには経営が成り立ちません。結果、個々のクライアントに対して、十分な時間を割く余裕がなくなっています。

「税理士さんも大変だなぁ」と同情される方もいるでしょう。

ただ、だからと言って、契約を結んだクライアントをほったらかしにする理由にはならないと、私は思います。

なぜなら、**税理士が節税に協力的か否かによって、法人・個人の手元に残るお金が、数百万、数千万、数億円単位で変わることだってあり得るから**です。

では、どのようにしたら、節税に及び腰の税理士から協力を得られるようになるのでしょうか。

具体的な説明に入る前に、ここで少しだけ、自己紹介をさせてください。

私は税理士として10年以上の実績を持ち、税理士法人の事務所を全国5カ所に構えています。そこには、税務署長経験者を含む税務署ＯＢが６人在籍しています。

２０２３年末に会長職についてから、私は時間の許す限り国内外を飛び回り、節税のセミナーを開催したり、ＹｏｕＴｕｂｅｒ税理士としても活動しています。

弊所は、確定申告の内容に対して税務署が行う調査、いわゆる「税務調査」の対応を専門としており、多い年では年間２００以上もの法人・個人のサポートを行っています。これは日本でトップクラスの数字と自負しています。

今回、本書を執筆することにしたのは、この豊富な経験から得た「気づき」が数え切れないほどあったからです。

先ほどもお話ししたとおり、**税理士の対応一つで、手元に残るお金の額が極端**

に違ってきます。

税理士の「忙しい」「時間がない」は、はっきり言って、言い訳に過ぎないと思います。

クライアントの事情に応じて的確な節税アドバイスができるかどうかは、その税理士の能力や経験によるところが大きい、と断言できます。

税理士にも、「80対20の法則」が当てはまると私は感じています。国家資格を有するとはいえ、税理士全員が完璧に税務に精通しているわけではありません。本当に優秀な税理士は一握りと言えるでしょう。

本書では、年間200件以上もの税務調査に対応している、税理士事務所を経営する私だから話せる、税理士のリアルな現状や、良い税理士の選び方、さらには、税務署OBの協力のもと、調査する側である税務署の実状にも迫っています。

そして、本のタイトルにあるとおり、税金対策で頭を悩ませている経営者のための「ギリギリを攻めた」節税法をお伝えしています。

「お金を稼ぐことに一生懸命で、稼いだお金を残すことにはそれほど情熱を注いでこなかった」と、全てを税理士任せにしてきた社長さんは、ぜひこの本を読み進め、真の節税戦略を学んでください。

書店には節税のノウハウを紹介した本がいくつも並んでいますが、経営者が必死になってやるべきことは、税務知識を頭に詰め込むことではありません。良い税理士を選び、税理士とうまく付き合い、効率良く節税をして、手元に残るお金を最大限に増やしていくことです。

この本の中から、御社で使える「賢い節税方法」を盗んでいただければ幸いです。

目次

第2章　国税庁もお手上げ！
法律の穴を利用した税金対策

第3章　実例や裁判から学ぶ完全ブラックな節税術

第4章　税務調査のベストな対処法

第1章　税金は税理士選びで決まる!?

なぜ税理士選びが重要なのか

所得によっては50%以上、つまり、利益の半分が税金に飛んでいく日本。であれば、本業に労力をかけるのと同じくらい、税金対策にも必死に取り組むべきではないでしょうか。

そこで、経営者にとって重要になるのが、税理士選びです。税理士の選択によって、納める税金の額がまったく違ってくることがあるからです。

あなたが5000万円のフェラーリの購入を考えているとして、このフェラーリを経費として認める税理士もいれば、フェラーリの代わりに1000万円ぐらいのレクサスをすすめる税理士もいます。経費として認められる金額に4000万円もの差が生まれることがあるということです。

１０００万円が妥当とした税理士は、「常識的にフェラーリは経費では落とせない」「レクサスくらいが限度だろう」という考えが頭に浮かんだのでしょう。ですが、これはあくまでも主観的な判断です。

そんなことは、税法のどこにも書かれていません。

では、私ならどう答えるかというと、

「仕事上、フェラーリが必要と認められれば、５０００万円を経費として計上しても構わない」です。「フェラーリは高額だから」という漠然としたイメージに踊らされることはありません。

多くの経営者は、「料金」「広告などでの露出度」「知り合いの紹介」などで税理士を選んでいるようですが、そもそも、「税理士の選び方がわからない」というのが実状でしょう。

税理士事務所のホームページには、「信頼を第一にやっております」など、自画自賛の文言が並んでいますが、それだけで信用に値する人物かどうか見分けられるはずがありません。Ｗｅｂサイトで得られる情報は、せいぜい料金くらいでしょうか。そのため、「料金が高い・安い」が、どうしても判断基準になってしまいます。

料金が安いだけの税理士を選ぶということは、場合によってはサービスの質が犠牲になるということです。

この「安かろう悪かろう」が税理士業界にまん延しているのは、残念ながら、職業上の構造の問題と言えます。税理士事務所の多くが１人の税理士によって経営されています。税理士の体は一つなので、全てのクライアントに全力投球できるかというと、なかなか厳しいものがあります。

では、どのようにして税理士を選んだらいいのか？

まずは、料金の安さだけで税理士を選ぼうとしないこと。

そして、**その税理士がどのようなサービスを提供してくれるのか。節税対策に協力的かどうか。**

いままで、どのような経験を積んできたのか。

これらを考慮することが重要です。

一度契約を結んでしまうと、後になって税理士を変更するのは大変です。税理士選びは慎重に行う必要があります。

そもそも、税理士の仕事は、単にクライアントの代わりに税金を計算し、税務署に申告するだけではない、と私は考えています。

良い税理士は、経営者が知らない、あるいは気づかない節税法を提案してくれます。

税理士のアドバイスが、納める税金に大きな影響を及ぼすことがあるのです。税理士のアドバイス次第で、数千万単位のお金が手元に残ることもざらです。

節税を得意とする税理士を選べば、もちろん法律の範囲内で、最大限の節税効果を得ることができるでしょう。逆に、税理士選びを誤ると、想定以上の税金を支払うことになるかもしれません。

この先、何十年、税金とは長い付き合いになります。もし1年間で100万円節税できれば、10年間で1000万円にも積み上がります。

税理士次第で、あなたの手元に残る数字が、何百万円、何千万円と変わってくるかもしれないのです。

税理士の実態を暴露

ここで、税理士という職業について、少し話をしておきたいと思います。

税理士はいったい何に時間を取られているのか、どのような悩みを抱えているのか……このへんを経営者が理解しておくと、税理士とうまく付き合えるようになるでしょう。

基本的に、税理士のビジネスモデルは薄利多売です。ほとんどの税理士が、月額数万円の顧問契約をたくさんの法人・個人と交わし、収入を得ています。

図１は、開業税理士、社員税理士（雇われ税理士）、所属税理士の割合です。開業している税理士は約70％。税理士１人に対して２〜３人の補助スタッフが

所属している事務所が多いです。

実は、ここに大きな問題が潜んでいます。

税理士1人とスタッフ2～3人では、通常業務をこなすだけで手一杯です。つまり、実務対応に忙殺されることになります。

クライアントの経営相談に乗ったり、あるいは、最新の税務・節税情報の収集に時間を割くことが難しくなります。

うまくマネジメントできている事務

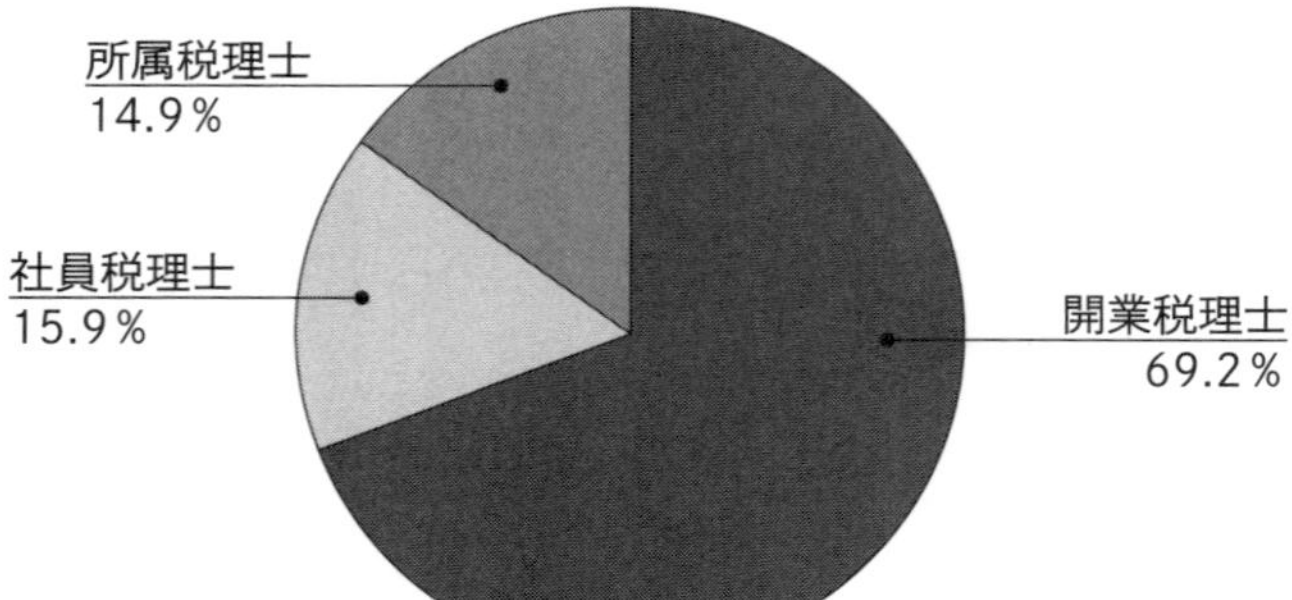

図1　開業税理士、社員税理士、所属税理士の割合
（令和5年3月末日時点）

参考　国税庁「日本税理士会連合会」

所もあるにはありますが、多くの税理士が節税に積極的ではありません。

「そこまで手が回らない」から「適切なアドバイスができない」というのが本音だと思います。

また、税務調査の対応実績は、税理士によって天と地ほどの差があります。

国税庁のデータによると、令和４年度の所得税の税務調査の件数は４万６３０６件、法人税の税務調査の件数は６万２０００件です。

一方、日本の税理士の数は８万６９２人です。

つまり、１人の税理士が年間に対応している税務調査の件数は、単純計算で１～２件です。

年に１～２件では、正直、経験が少なすぎます。

税務調査の際に、税務署がどこまで経費をＯＫとするかなど、ある程度の基準をつかめるようになるまで、かなりの年月を要するはずです。

そのため、いつまでも経営者にベストな節税アドバイスができないのです。

（手前みそになりますが、弊所のように、年間２００件以上の税務調査に対応している税理士事務所はほとんどないはずです。）

近年はさらに、インボイス制度や電子帳簿保存法の導入などの税制改正によって、税理士の業務量はますます増えています。

増加した業務をこなすため、顧問料の値上げを余儀なくされる税理士事務所も少なくありません。同じ税理士の立場から言わせていただくと、この値上げはやむを得ないと思います。

とはいえ、税理士事務所の中がどれだけ忙しくなったのか、クライアント側からすると想像がつかないはずです。やってもらうことは以前と変わらないのに、いきなり値上げの話をされて驚かれる方が多いようです。

そのため、月数千円の値上げもままならない状況です。

ちなみに、税理士の年収がどのくらいか、ご存じでしょうか。

「税理士は国家資格だし、結構な高収入だろう」と思われがちですが、実は、年収１０００万円を超える税理士の数はさほど多くはありません。

図2は、日本税理士会連合会「第6回税理士実態調査報告書」を参考に作成した開業税理士の総所得分布です。

年収５００万円以下が大半を占め、

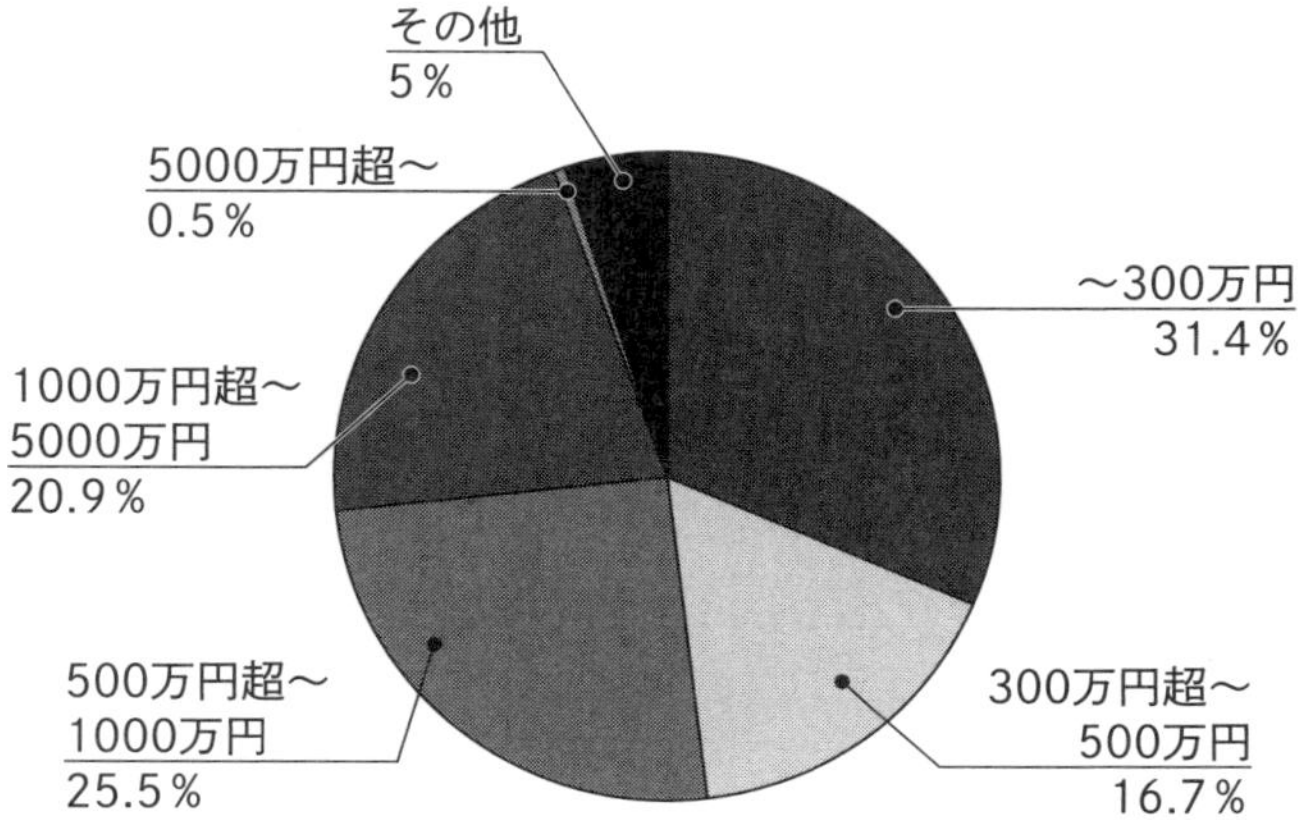

図２　開業税理士の総所得金額

年収１０００万円を超える開業税理士は20％ほどです。

儲かっている税理士ばかりではないということ。そして、「経営は決して楽ではない」ということがおわかりいただけたかと思います。

なぜ税理士によって判断が分かれるのか

経費の判断が、税理士によって異なることはめずらしくありません。

その主な理由は、経費の定義が、「法律で決められたものではない」からです。


経費にできるかどうかの基準は、法律で定められているわけではありません。

例えば、「交際費」は、「事業に直接的に必要か」が経費にあたるかどうかのポイントになります。


この「事業に直接的に必要か」が、人によって解釈が分かれるところです。

同じキャバクラの領収書を見ても、「重要なお客さんとの交際費」として経費に含める税理士もいれば、「社長の個人的な支出」と判断する税理士もいるのです。

法律では、何を経費とするか、さらに金額も具体的に定められていないため、税理士によって判断が分かれてしまうのです。

また、「税理士がなかなか経費を認めてくれない」と頭を抱える経営者も少なくないはずです。

これは、税理士が免許制であることに起因するかもしれません。

税理士は、その行動が問題視されると、免許を剥奪される可能性があります。

そのため、できるだけリスクを避けて、自分にとっては安全な、経営者にとっては厳しめな判断をすることが多いのです。

実際、毎年数十人の税理士が懲戒処分を受けています（国税庁のホームページで確認することができます）。悪質なケースでは税理士資格が剥奪され、クライアントとの契約が無効となり、以後、税理士の仕事ができなくなります。

税理士は自分の身を守るために、経営者に対して厳しく接する傾向にあるのです。

余談ですが、懲戒処分を受ける直前に自ら税理士資格を返上することで難を逃れ、数年後、ほとぼりが冷めたころに再度資格登録をした、という厚顔な税理士もいます。

税理士が経費の判断を厳しくするもう一つの理由として、自身の税理士事務所が、税務署に目をつけられないようにするための予防策という可能性もあります。

税理士事務所が経費の判断を甘くすると、「この事務所は他のクライアントにも甘いのではないか？」と、税務署に勘ぐられ、結果、契約している他のクライアントまで税務調査の対象になることがあるのです。

あまりにも経費の判断がゆるい税理士事務所を選ぶと、とばっちりを受けるかたちで、あなたの会社に税務調査が入る可能性が高まります。

税務調査は入られないに越したことはないので、そういった事務所は避けたほうが良いと思います。

節税を積極的にすすめない税理士

他社の成功事例や、ＳＮＳなどで見聞きした節税方法に興味を持ち、税理士に「うちでも試してみたい」と相談したことのある社長さんもいらっしゃるでしょう。

税理士がＯＫを出せば事はスムーズに進むのですが、「それはやらないほうがいいと思います」と反対する税理士のほうが断然多いように思われます。

ただし、「やらないほうがいいと思います」というふうに、断言はしません。

税理士からストップがかかると、多くの経営者はその場で諦めがちです。しかし、その節税方法を本気で試したい場合は、「なぜやらないほうがいいのか」、その理由を税理士に説明してもらうようにしましょう。「恐らく……」「……だと思う」といった中途半端な回答であれば、「推測ではなく、きちんとした根拠を示してほしい」と食い下がってみてください。

あるいは、しっかりとした根拠をあなた自身が示すことで、税理士も納得し協力してくれるはずです。

一つ覚えておいていただきたいのが、基本的に、税理士は積極的に節税をすすめることをしません。

その理由はいくつか考えられますが、一番の理由は「手間がかかる」からです。

税理士の主な業務は、「申告書の作成」「記帳代行」「節税対策や税務相談」の三つです。この中で、申告書の作成と記帳代行は、比較的単純な定型業務です。

ところが節税対策や税務相談は、時間も労力も要するうえに、それ相応の責任がともないます。相談内容によっては、過去の裁判事例を調査することもあります。この作業には時間がかかり、ギリギリまで判断に迷うケースがほとんどです。

税務の世界に「絶対」はありません。

税務調査が終わるまで、白黒つかない例もざらです。

ということは、税理士が下した判断が、いくらクライアントが望んだこととはいえ、後でクレームにつながることがあります。

それは、税理士事務所にとっては少なからずのリスクになるので、節税は極力避ける傾向にあるのです。

しかも、新たな節税対策を取り入れたとしても、クライアントからそのぶんの追加報酬が税理士に支払われることはほぼありません。節税の提案も含めて、「それが税理士の仕事だ」と多くのクライアントがとらえているからです。

このように、「手間がかかる」「クレームにつながる」「報酬が得られない」などの理由から、税理士は節税にはあまり積極的ではありません。

であれば、経営者は税理士に頼りっぱなしにならずに、自身が税金に関する知識を持って、賢く節税をしていくことが重要になるのです。

税理士に経費を認めさせるキラーワード

「この税理士は話が通じない」と感じたら、顧問契約を解消して新しい税理士を探すという手もありますが、それはそれでかなりの手間がかかります。過去の決算書を整理したり、社内の税務ルールを取りまとめたりしてから、新しい税理士に業務を引き継ぐことになります。正直、あまり得策とは言えません。

「税務調査で問題となっても、責任は追及しません」

この一言で、グレーな経費も、経費として認められるかもしれません。

「経費に計上したいが、税理士が認めてくれない」

このような壁にぶつかったときは、先のセリフを税理士に投げてみてください。

税理士にとって、節税をサポートするうえで懸念材料の一つとなっている「クレーム」に関して、あらかじめ取り決めをしておくのです。

「この領収書はグレーなので、できれば経費に入れたくないけれど……、でも経費と言われれば経費かもしれない」と迷う場面は私もよくあります。

そんなときに、**「税務調査で指摘されても、一切責任は追及しない」**と言ってもらえると、肩の荷が下りて判断がしやすくなります。

私は口頭だけでなく、クライアントに念のため一筆書いてもらっています。

税理士にとって、クライアントとのトラブルはなにより避けたい事態です。

税理士が認めた経費が税務調査で否認されたことで、それがクレームにつながり、最悪の場合、民事訴訟にまで発展するケースもあります。実際、損害賠償金額が１億円に達した判例もあります。

この先トラブルを招きかねない判断は、税理士にとって大きなリスクです。裁判とまではいかないにせよ、顧問契約を解消されてしまうかもしれないという不安もあります。

そのため、グレーなものは黒と判断し、経費として認めたがらないのです。

たとえ税務調査で問題が発生したとしても、税理士自身に責任が及ばないとなれば、税理士は安心してグレーを白と認めやすくなるのです。

もちろん、明らかに違法な行為については、どんな条件を提示しようと、税理士は絶対に加担しません。

また、１００枚の領収書のうちの1～2枚なら、「グレーだけど、まあ、いいか」となりますが、ほとんどの領収書がグレーゾーンとなると、さすがにその全てを経費としては認めづらくなります。

税理士を味方につけるには、ある程度の節度も必要です。

税理士の見分け方

税理士のホームページを見ても、わかるのは基本的なサービスと、それにかかる料金ぐらいです。相性の良い税理士を探し出すには、時間と労力がかかるということを覚悟しておいてください。

ほとんどの経営者が、税理士探しに真剣に取り組んではいません。
そもそも探し方がわからないという声もよく耳にします。

税理士を探すときに、まずやってほしいのが、**なるべく数多くの税理士に会うことです。**

いろんな種類の肉を食べているうちに、どれが良い肉かわかるようになります。
生まれて初めて肉を口にした人に、その肉の良し悪しなど見分けられないでしょう。

これは、税理士も同じです。

たくさんの税理士に会うことで、良い税理士か悪い税理士か、判断できるようになります。

ここで、税理士探しの具体的な方法を三つ紹介します。

知人などから紹介してもらう

もっとも手っ取り早い方法として、知り合いの社長さんなどに、「節税に積極的な税理士を知らないか？」と尋ねて回ります。

そのとき忘れてはならないのが、その社長さんの節税の体験談とともに、契約している税理士の実績を具体的に聞き出すことです。

単に、「性格が良いから」というだけで、「良い税理士だ」と思い違いをしている経営者は少なくありません。

また、その社長さん自身の経営手腕も重要なチェックポイントです。

税理士を紹介してもらうのであれば、**長年にわたり会社を回している、あるいはしっかりと儲けを出し続けている経営者にお願いしましょう。**

起業したばかりの新米社長では経験が浅く、税理士の技量を見抜けない可能性が高いからです。

インターネットで探す

個人的には、実は、あまりおすすめできる方法ではありません。

というのも、検索結果の上位に表示される税理士は、ホームページの中身が充実しているか、あるいは広告に力を入れているケースがほとんどだからです。

「ネットに強い税理士」が必ずしも良い税理士とは限りません。

税務に強いかどうかは、まったく別の問題です。

実際、「宣伝のやり方がうまいだけだった」とこぼす社長さんに私はたくさん会ってきました。

もちろん、検索でヒットする税理士がみな一様に、見かけ倒しというわけではありません。もし、その中から**どうしても気になる税理士を見つけたら、その全ての税理士に会いに行くことです。**時間を惜しまず、足を使って、直接話をしてから相性を確かめるのが良いでしょう。

紹介にしても、ネット検索にしても、税理士との面談は時間をかけて行います。その際、節税に協力してほしいことを伝えてから、自社の状況を説明し、どのような節税策が有効かを尋ねます。

節税にあまり乗り気ではない税理士もいれば、「ドンドンやりましょう」といったタイプの税理士もいるはずです。

そして、税理士の経験値を測るため、税務調査の年間対応件数を確認します。税務調査のサポート経験が豊富な税理士ほど、節税のアドバイスが的確だからです。

税理士事務所を訪れた際は、応対したスタッフに好感が持てたとしても、その人物が税務担当者とは限らないので、注意が必要です。

事務所の窓口には、コミュニケーション能力に優れたスタッフが配置されがちです。

しかし、コミュニケーションのスキルと節税のスキルとは、なんの関係もありません。

可能な限り、実務を担っている税理士との面談を申し入れましょう。

書籍で探す

書店の税金コーナーには、さまざまな税理士の著書が並んでいます。本を読めば、その税理士の節税に対する姿勢がよくわかるはずです。

著者である税理士のスタンスに共感できたら、ネットなどで連絡先を探し、思い切って問合せをしてみましょう。私も、過去に出版した2冊の著作物をきっかけに、仕事の依頼をいただいたことがあります。

以上、「紹介」「インターネット」「書籍」の三つの方法を取り上げました。

この中で、私がもっともおすすめする税理士探しの方法は「紹介」です。あまたの情報が飛び交うネット上で宝探しをするより、格段にスムーズです。なにより良い税理士と出会える可能性が高いです（書籍の場合、著者の活動エリアが限られていたり、新規の依頼を受け付けていないケースもあります）。

周りに、「うちの税理士は節税に積極的だよ」という社長さんがいたら、早速紹介してもらい、まずはその税理士に会いに行きましょう。

あなどれない、税理士の人的ネットワーク

どのような税理士と付き合うかによって、5年後、10年後の会社の売上や利益、そして、社長の手取り額が大きく変わってきます。

そこで、税理士を選ぶ際には、税務の知識や経験だけでなく、その税理士の人的ネットワークにも目を向けるようにしましょう。

税理士の人脈が広ければ、ひいては、クライアントである経営者にとっても有益な企業・情報とつながれるチャンスが生まれます。これが会社にとって大きな強みになります。

例えば、実績のある広告代理店やコンサルティング会社を紹介してもらえたり、

補助金や節税商品などのニュースにいち早くアクセスできるようになります。

私の知り合いの税理士は、顧問先で評判の良かった広告会社を、クライアントに紹介していました。

税理士は顧問先の売上や取引状況を踏まえたうえで、その広告代理店を推薦します。紹介された側にとって、それは大きな安心材料となります。自社で新たに広告代理店を探し出し、１社１社試すよりも効率的です。他社での実績もあるので、ある程度の結果も見越せるでしょう。

広告をうまく活用できれば、会社を大きくすることができます。しかし、広告代理店というパートナー選びに失敗すると、宣伝活動はうまく回らなくなります。

確固たる人的ネットワークを築いている税理士に優秀な企業を紹介してもらえれば、高い確率で成果が得られるはずです。

私は、とあるコンサルティング会社に依頼したおかげで、YouTubeチャンネルの登録者数を9万人以上に伸ばし、1億円を売り上げました。
私がこのコンサルティング会社を紹介すれば、弊所のクライアントの売上を大きく伸ばすことができるかもしれません。

各分野のプロフェッショナルとつながっている税理士は、経営者にとって非常に価値のある存在だと思います。

また、幅広い人的ネットワークを持つ税理士は、有益な節税商品の情報を持っている可能性が高いです。

ご存じの方は少ないかもしれませんが、法人・個人が節税効果を求めて購入する**節税商品の開発・販売を行っている企業があります。**

私も、何社かお付き合いがあるのですが、担当者からは、「商品のことは、あまり大々的に紹介しないでほしい」とよく言われます。

なぜかというと、あまりにも節税効果の高い節税商品は、国税庁から販売が規制されてしまうからです。

税務調査で税務署の調査官から目を付けられた節税商品のうち、実際これまでに、海外不動産、保険商品などが次々と規制の対象になっています。

そのため、開発会社としては、自社商品が広く認知されることを避けたいのです。

結果、節税商品の市場は、ある意味、クローズド状態です。

ですが、広い人脈を持つ税理士の元には、そんなクローズド状態にある節税商品の情報も舞い込んできます。

節税商品を購入できれば、支払う税金を抑えることができます。そういった点からも、多方面に人的ネットワークを構築している税理士と顧問契約ができれば、御社にとって大きなメリットが生まれるはずです。

なぜ、税理士によって情報量が違うのか

税理士によって、知っている節税策や、持っている情報の量にも違いがあります。

前述のとおり、日々のクライアント対応に忙しく、新たな情報を集める時間的余裕がなかったり、あるいは、自身の経験不足から、あえて節税の提案はしないという税理士もいるでしょう。

ほとんどのクライアントが少額納税者のため、高額納税者からいきなり節税の相談をされても、そのノウハウを持ち合わせないといった事情もあるかもしれません。

私は毎月のように海外へ出かけ、世界中から節税情報を集めていますが、頻繁に海外へ行ける税理士はかなりレアな存在です。

税理士法人の会長という立場になってから、私は、普段はいわゆる税理士としての実務をほとんど行っていません。他の税理士やスタッフに任せています。だから、暇なんですね（笑）。

おかげで、シンガポールに飛んでプライベートバンクについて学んだり、アメリカでは日本人でも利用できる優遇税制について調べたり、税務についての知見を広め、情報収集する時間を持てるようになりました。

そんな私も、税理士事務所を始めて7年ほどは実務にどっぷりと浸かり、勉強する時間などは持てず、いまのような節税情報は持ち得ていませんでした。

大多数の税理士は、毎日、実務に追われています。時間のなさが、やはり、提供できる情報量に大きく影響していると言わざるを得ません。

税理士を訴えよう！

訴えるとは、いささか過激に聞こえるでしょうが、これは誰にでもできることです。

「ミスはしなさそう」とか、「先生に任せておけば間違いはない」と、税理士といえば完全無欠のイメージを持つ人が多いようですが、税理士も人間である以上、間違いは起こします。

わかりやすい例の一つが、確定申告での青色申告が期日に間に合わなかった、というもの。青色申告には税制上の優遇措置が施されていますが、期限を過ぎて申告すると、控除などの措置が受けられなくなります。期日前に申告書類が揃っていたとしても、税理士事務所が提出を忘れてしまえば、クライアントは想定以上の税金を支払わなくてはなりません。税理士が日常の業務に追われ、「申し訳ありません、提出を忘れていました」といった事態にならないとは限らないのです。

このような金銭的なダメージを受けても、税理士を訴えることもせず、契約を解除するだけという、いわば泣き寝入り状態の法人や個人が多いようです。なぜなら、民事裁判には多大なコストと手間がかかると考えられているからです。

しかし、税理士とのトラブルは、税理士会の「紛議調停制度」を利用すれば、誰でも税理士を訴えることができます。

紛議調停制度では、税理士会が、クライアントと税理士との間に入って調停を行い、調停の結果によっては税理士に対して損害賠償の請求ができます。なお、この制度の利用は無料です。

調停には、クライアント（申立人）と税理士（被申立人）の双方が出席することになりますが、それぞれが交互に陳述するため、直接対面することはありません。紛議調停委員会は双方の言い分を聞いたうえで、適切な解決策を提案します。

私も過去に一度、紛議調停委員会に呼ばれた経験があります。申立てをしたクライアントは、理屈のまったく通らない相手で、すでにまともな話し合いなどできる状況ではありませんでした。

こちらの事前説明を、「聞いていない」の一点張りで、そのやりとりを議事録として残していなかったため、結局は、言った言わないの水掛け論になってしまいました。

委員会から、クライアントの請求額の半分を支払って解決するよう提案され、私はそれを受け入れました。調停自体は一日で終わり、私は結果に納得はしていませんでしたが、これ以上時間を使うのは無駄だと判断したのです。

紛議調停委員会に持ち込まれると、クライアントとの関係を早く終わらせたいがために、被申立人となった税理士は支払い請求に応じるケースが多いようです。

税理士に不満を感じながらも、契約を解除するだけという経営者が多いようですが、トラブルの内容によっては、紛議調停制度を利用することをおすすめします。金銭的な損失を埋められるだけでなく、精神的なストレスからも解放されるからです。

税務署内最強の「審理専門官」とは？

章の最後は少し視点を変えて、税金を集める側にいる税務署についてお話をしたいと思います。

税務署には、「審理専門官」という、税法の「専門家」がいます。主に、税務署による税務調査が適切に行われたかどうかの最終判断を行っています。万が一、不適切な調査結果をもとに処分を下すと、訴訟問題に発展する可能性があるからです。

処分に納得できずに裁判で徹底的に争う企業が増加しているため、特に課税処分については、当局としても従来にも増して慎重に対応しているようです。

審理専門官は重要な任務を託された、税務署の頭脳とも言える役職です。

税務調査では、「法的な根拠に基づいた論理的な指摘」がなされます。この「論理」の部分を構築しているのが審理専門官です。

経営者が節税を行う際にも、論理が重要です。なぜなら、税務署には審理専門官という論理の鎧をまとったラスボスが控えているからです。

ここに勝たなくてはなりません。

そこで、改めて税理士事務所に目を向けると、その対応力にはかなりのレベルの違いがあります。

税務調査に対応するのが年に1~2件の事務所を初級レベルとすると、年間数十件から数百件に対応しているという事務所は、中級レベルと言えるでしょう。

上級レベルになると、かつては調査する側にいた税務署OBが対応し、さらに、そのＯＢが審理専門官として勤務していたとなれば、間違いなく、税務調査の対応ではトップレベルの税理士事務所です。

このような税理士事務所と契約すれば、税務調査が入ったときも心強いだけでなく、支払うべき税金も安く抑えることができると思います。

参考

国税庁／「日本税理士会連合会」
https://www.nta.go.jp/taxes/zeirishi/zeirishiseido/rengokai/rengou.htm

国税庁／令和４事務年度 所得税及び消費税調査等の状況
https://www.nta.go.jp/information/release/kokuzeicho/2023/shotoku_shohi/pdf/shotoku_shohi.pdf

国税庁／令和４事務年度 法人税等の調査事績の概要
https://www.nta.go.jp/information/release/kokuzeicho/2023/hojin_chosa/pdf/01.pdf

日税ジャーナルオンライン／税務の勘所 2016／10／03「リスクを知ってリスクを回避 相続税に関する税理士損害賠償訴訟」
https://nichizei-journal.com/kan/%E3%83%AA%E3%82%B9%E3%82%AF%E3%82%92%E7%9F%A5%E3%81%A3%E3%81%A6%E3%83%AA%E3%82%B9%E3%82%AF%E3%82%92%E5%9B%9E%E9%81%BF%E3%80%80%E3%80%80%E7%9B%B8%E7%B6%9A%E7%A8%8E%E3%81%AB%E9%96%A2%E3%81%99%E3%82%8B/

東京税理士会／紛議調停制度
https://www.tokyozeirishikai.or.jp/general/consultation/mediation/

第2章　国税庁もお手上げ！

法律の穴を利用した税金対策

「損益通算」「長期譲渡所得」「一時所得」を使い倒せ！

節税にはさまざまな方法がありますが、この章では**時間や人、物を活用した節税方法**を紹介します。

「損益通算」「長期譲渡所得」「一次所得」は、節税を考えるうえで重要な制度と税務用語です。ぜひ押さえておいてください。

「損益通算」とは、儲けたお金（利益）と損したお金（損失）を相殺できる制度で、利益から損失を差し引いた金額が課税の対象となります。

例えば、給与年収１５００万円の会社員が、副業の不動産事業では年間５００万円の赤字を出したとします。税金は、給与と不動産事業の収支を合算したうえで計算されるので、１５００万円から５００万円を引いた１０００万円に対して税金がかかります。

給与所得には控除があるので、実際はもう少し複雑な計算となりますが、ここでは損益通算を理解するために概算とします。

損益通算は、給与所得、不動産所得、個人事業所得、山林所得など、各種所得金額の利益と損失を合算して税金を計算します。

税理士業界内では有名な話なのですが、この損益通算を利用して、37年間税金を支払わなかった人がいます（参考／『完全版 無税入門 文庫版』只野範男著・飛鳥新社）。

会社員をしながら副業を行い、副業のほうは毎年赤字で申告。損益通算で課税所得がマイナスになり、所得税や住民税がかからず、税金を支払わなくてすんだ、というのです。

「こんな方法があるのか！」と、私も当初はびっくりしました。

しかし、現実的に考えると、これはさすがに難しい手法だと思います。

無税期間の37年間、運がいいことに彼の元には一度も税務調査が入らなかったようです。もし、調査を受けていたら、恐らく、なんらかの指摘がなされていたでしょう。

近年は、税金をゼロにしようと損益通算を利用した申告が増えているため、副業をしている会社員に対する調査の目が厳しくなりつつあります。実際、給与年収４００万円で副業を赤字とし、所得税を低く抑えていた会社員に税務調査が入った例もあります。

次に、「長期譲渡所得」について触れます。長期譲渡所得とは、土地や不動産などを購入し、長い期間保有したのちに売却した時点で得られる譲渡所得のことです。

長期譲渡所得がなぜ節税につながるのでしょう。

例えば、不動産を購入後、５年以内に売却した場合、その利益に対して40％の税金がかかります。

しかし、これが5年を超えると一気に20％に下がります。不動産を長期間保有することで、売却後の税金が安くなるのです。

給与所得にかかる税率が最大55％であることに比べると、とても優遇された制度だと思います。

最後に、「一時所得」について。これは、「営利を目的とする継続的行為から生じた所得以外の所得」を指します。懸賞や福引きの賞金、競馬の払戻金、生命保険の一時金などの収入が生じた場合、一次所得が適用されます。

一次所得は、総収入から必要経費を引いて、さらに特別控除額（最高50万円）を引いて算出します。その一次所得の2分の1に相当する額に税金がかかります。

例えば、1000万円の貯蓄型の生命保険を解約した際に1500万円の払戻金があれば、500万円の利益から特別控除額50万円を引き、450万円の半分、つまり225万円に対して税金がかかります。これも、給与所得に比べると、税金の負担率は半分以下です。

「損益通算」「長期譲渡所得」、そして「一時所得」をぜひ上手に活用してください。効率良く節税ができ、確実にあなたの手元にキャッシュが残ります。

不動産投資は損益通算と長期譲渡所得で賢く節税

ここからは、「損益通算」と「長期譲渡所得」を活用した、具体的な節税方法を解説していきます。

会社員や経営者が、本業以外に、不動産事業を行った場合の節税法です。

会社からの給与収入と、不動産事業からの収入（または損失）を合算し、総所得を算出します（損益通算）。**もし不動産事業が赤字であれば、その赤字分だけ総所得が減少し、所得税や住民税が還付されます。**

不動産投資では、20～30年のローンを組んで物件を購入するケースがほとんどです。自ずと長期保有となるため、長期譲渡所得の税率が適用され、売却時の税率は20％となります。

つまり、損益通算で所得税、住民税を減らし、不動産投資では長期譲渡所得で税率を下げることができるのです。**年収が1000～3000万円の人には、特に節税効果があります。**

では、節税効果が期待できる不動産投資の例を二つ紹介しましょう。

ワンルームマンション投資

まずは、都心のワンルームマンション投資です。2024年現在で、販売価格は2000万円から3000万円が相場です。

貸し出した際の家賃収入は、月に8万円から15万円程度が一般的なようです。

では、給与年収1200万円のAさんが、販売価格3000万円のワンルームマンションを購入し、35年の銀行融資を利用した場合の節税効果を考えてみましょう。ローンの金利は２％、月々の賃料は9万円とします（現在は自己資金10万円からでも購入が可能なケースが多い）。

初年度の12カ月間でかかる経費は、不動産仲介手数料や減価償却費、管理費や修繕費、管理委託手数料を含めて年間約２００万円。一方、家賃収入は年間１０８万円で、初年度の不動産事業は92万円の赤字となります。

Aさんは、年収が１２００万円なので、所得控除などを差し引いた課税所得は約８００万円。これに、所得税と住民税（33％）がかかります。

しかし、損益通算を行うと、課税所得は約８００万円から不動産事業の損失分の92万円を差し引いた約７０８万円となります。

損益通算前は約２６４万円（約８００万円×33％）の所得税と住民税が発生しますが、損益通算後は約２３３万円（約７０８万円×33％）となります。

給与収入と不動産事業の損益通算により、Aさんは年間約31万円の税金が還付されることになります。２年目以降は、初年度のみ発生する経費や減価償却が多少減ることもありますが、ほぼ1年目と同じ計算となり、不動産を10年保有すれば、合計約３００万円の節税となります。

高年収の人にとって、ワンルームマンション投資は特に節税効果が高く、しかも、ローンの支払いが終われば、その物件は資産となります。つまり、節税と資産運用の両方からメリットを得ることができるのです。

図３　ワンルームマンション投資の節税効果

	損益通算 ㊚前	損益通算 ㊚後
課税所得	約800万円	約708万円
所得税・住民税 税率	33％	33％
所得税 住民税	約264万円	約233万円

約31万円の節税（初年度）

ワンルームマンション投資をおすすめするのは、年収５００万円以上の会社員です。もし、私がいま会社員なら、買えるだけの物件を買い漁るでしょう（笑）。

ただし、業者に騙されて、ワンルームマンション投資で失敗をしている人も少なくないようです。

このような失敗を避けるには、ＳＮＳなどで、ワンルームマンション投資で節税に成功している人を見つけて、詳しく話を聞くことです。業者の言いなりにならず、カモにされないための知識が身につきます。

また、物件購入後、万が一ご自身が亡くなったとしても、団体信用生命保険（略称・団信）に加入しておけば、ローン残高はゼロになります。残された家族にリスクはありません。

中古木造物件投資

節税のやり方はワンルームマンション投資と同じですが、国内の中古木造物件は、減価償却を利用することで、より大きなメリットが生まれます。

中古不動産の場合、物件の耐用年数は、法定耐用年数を経過すると、以降は法定耐用年数の20％となります。

中古木造物件の法定耐用年数は22年なので（図4参照）、築22年を超えた物件の耐用年数は22年の20％、つまり、4年となります。

築22年を超える中古木造不動産を建物価格4000万円で購入した場合、購入金額を4年の耐用年数で割ると、年間1000万円の減価償却費が計算されます。

図4　法定耐用年数と中古資産の耐用年数計算

木造	22年
軽量鉄骨造（3mm超4mm以下）	27年
鉄骨造	34年
RC造	47年

法定耐用年数

中古資産の耐用年数計算
〈法定耐用年数を全て経過したもの〉

法定耐用年数×20％

これにより、年間１０００万円を経費として計上することができ、課税所得を大きく減らすことができるのです。

例えば、給与年収３０００万円のＢさんの場合、課税所得が約２５００万円で、納税額（所得税と住民税）は約１０００万円です。

そこで、築22年以上の中古木造物件を、建物３６００万円、土地２４００万円の合計６０００万円で購入したとします。この場合、建物部分に減価償却が適用されるので、３６００万円を4年で割ると、年間９００万円の減価償却費が生じます。

損益通算を行うと、税金の対象となる課税所得は約２５００万円から９００万円を引いた約１６００万円となり、Ｂさんの税金は約１０００万円から約５３０万円へと大幅に減少します。

国内の中古木造不動産は節税商品としても販売されており、物件によっては売却時の収益も期待できます。ただし、注意点として、節税期間は減価償却が終わるまでの4年間です。5年目以降は損益通算ができなくなります。

したがって、賢く節税するのであれば、4年目以降の戦略として、不動産の売却をおすすめします。

5年以上不動産を保有しておけば、売却時に長期譲渡所得税率20％が適用されます。損益通算で税金を取り戻し、長期譲渡所得の安い税率で不動産を売却すれば、あなたの手取りを最大化することができます。

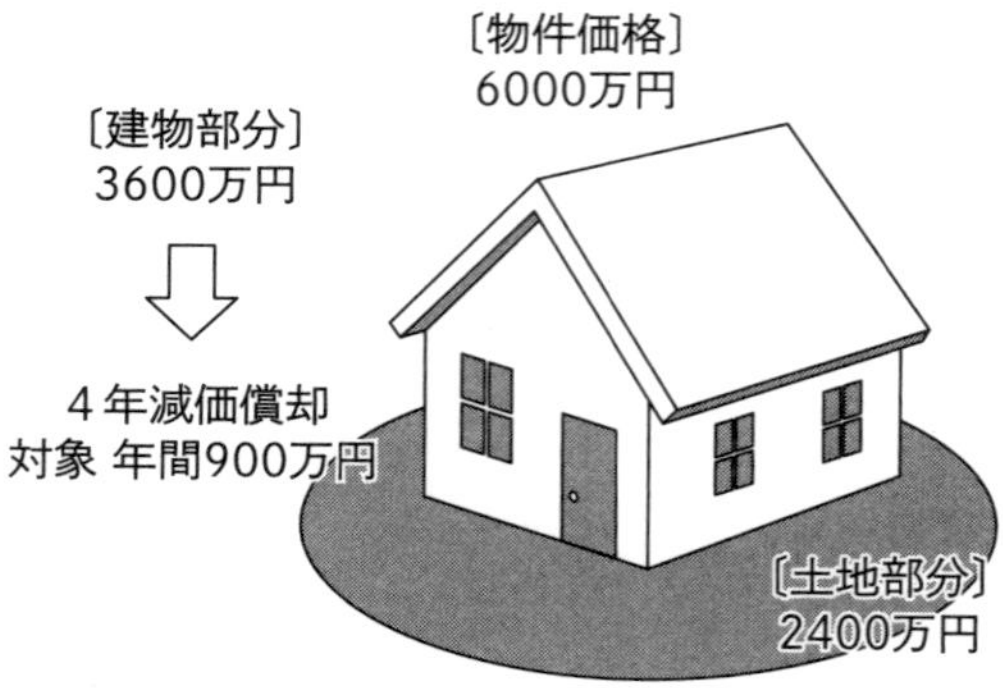

図5　中古木造物件の建物と土地

低リスクで稼げる「小規模企業共済」

中小企業基盤整備機構が運営する「小規模企業共済」や「経営セーフティ共済」は、いわばノーリスクハイリターンの節税商品とも言えます。

ご存じの方も多いと思いますが、小規模企業共済は、個人事業主や法人経営者向けの退職金制度です。

毎月一定額を積み立てることで、退職時や事業をやめたときに、積立金額に応じた退職金が支給されます。掛け金は月１０００円から最大７万円まで選べ、この掛け金は全額所得控除の対象となるため、節税効果を得ることができます。

ここからは少し踏み込んで、小規模企業共済の上手な活用方法を紹介します。

小規模企業共済には貸付制度があり、掛け金の7〜9割、利率は年0・9％または1・5％と非常に低く設定されています。担保・保証人は不要で、即日借り入れることもできます。

例えば、1年間で毎月7万円を積み立て、掛け金の8割を借り入れるとすると、7万円×12カ月×0・8＝67・2万円を、金利1・5％で借りることができます。この借入金を使い、年利5％の貯蓄型保険に加入すれば、差額の3・5％分で利益を得られます。1年間で、67・2万円×3・5％＝2万3520円ですが、20年積み立てれば、約47万円ほどの利益を低リスクで得ることができます。

保険への投資はハードルが高い、と感じる方には、ドル建ての預金をおすすめします。

三井住友銀行の外貨定期預金なら、年利1〜5％です（2024年8月現在）。

ただし、小規模企業共済への加入には条件があり、業種によって異なりますが、従業員が５人または20人以下となっています。加入後に条件人数を超えても問題はありません。

同じく、経営セーフティ共済（中小企業倒産防止共済）でも、こちらは事業資金として、低い利率でお金を借りることができます。

経営セーフティ共済は、企業の連鎖倒産を防ぐ目的で設立されており、取引先の倒産時に融資を受けることができる制度です。使い勝手のいい共済なので、利用している経営者の方も多いはずです。

取引先が倒産した場合、掛け金の10倍までを無利子、無保証、無担保で融資してもらえます。掛け金は、月５０００円から20万円までで、積み立てできる掛け金の上限は８００万円。加入後３年４カ月が経過すれば、いつでも解約手続きができます。

掛け金は全額経費計上できるので、これも税金対策として有効です。経営セーフティ共済に加入できるのは、1年以上事業を行っている個人事業主や法人です。

本来、取引先の倒産に備えて加入する経営セーフティ共済ですが、それ以外の事案でもお金を借りることができます。

一時貸付は、臨時の事業資金が必要になった際に、掛け金の95％まで無担保で借りられる制度です。利率は非常に低く、0・9％。掛け金を上限800万円まで積み立てした場合、760万円まで融資が受けられます。

最近、私が購入したスターバックスの社債は金利が約5％でしたが、760万円をこのような安心感のある企業へ利率5％で投資したとすると、セーフティ共済が０・９％と低金利なので、毎年20万円近くのお金を受け取ることができるかもしれません。

小規模企業共済や経営セーフティ共済は節税効果があるだけでなく、お金を低金利で借りることもできるため、加入条件を満たしている方には非常におすすめです。経営者のみなさんには、この制度をぜひ活用していただければと思います。

図６　小規模企業共済と経営セーフティ共済

	小規模企業共済	経営セーフティ共済
目的	個人事業主・法人経営者向け退職金制度	取引先が倒産した際に連鎖倒産を防ぐための制度
月々の掛け金	1000円～７万円	5000円～20万円
掛け金の上限	なし	800万円
利息	年 0.9または1.5％	年 0.9％

税金0円で会社から個人にお金を渡す方法

交通費や宿泊代、雑費などの経費は領収書で精算しますが、役員や従業員の出張が多い企業では、その都度、精算をするのは経理作業上かなり面倒です。一般的には、社内で「出張旅費規定」を作成し、日当、宿泊代、交通費を定額として経費精算の作業を楽に行えるようにしています。

「出張旅費」は、税務上の経費となり、また、個人（役員・従業員）がお金を受け取る際には非課税となります。

会社から個人へ支給される給与は課税対象ですが、出張旅費の日当は、同じく会社から個人に支払われますが、非課税です。

つまり、出張旅費には税金がかからないのです。

この出張の定義は、所得税法や法人税法には書かれていません。

「出張旅費規定」の中身は、それぞれの会社で自由に決めることができます。

よく、「泊まりのない出張には、日当手当はでない」と思われている人がいるようですが、極端な話、自宅や事務所から仕事のために一歩でも外出すれば、それを出張とすることもできるのです。

このことを、税理士でも知らない人がいるようです。

たとえ日帰りであっても、拠点（自宅や会社）から50キロメートル以内の出張は日当１０００円、拠点から50キロメートル超の出張は日当３０００円、とすることも可能です。

出張旅費の日当額は会社によって異なります。

私が知る限りでは、最低が500円、最高が10万円と、金額にかなりの開きがあります。

税務調査のときに調査官から、「内閣総理大臣の日当が3800円、宿泊代が1万9100円となっており、それに比べると、こちらの出張旅費は高すぎる」という指摘を受けることがあります。

そのせいで、税理士は、出張時の日当を3000~5000円に設定するようクライアントに指導することが多いようですが、これは安全策を取っているに過ぎず、実際に、私の知り合いの社長さんは、税理士に交渉して、1万円をさらに2万円に引き上げていました。

前述したフェラーリの話もそうですが、日当額についても、「いくら以上は高額なのでNG」といったことは、どの法律にも一切書かれていません。裁判で「出張手当の日当が高すぎる」といった判決が出たこともありません。

とあるマッサージ店では、移動の距離に関係なく、店からお客さんの家に出向いた際には必ず出張日当を支給していました。

この場合、日当１万円となると無理がありますが、３０００円程度であれば経費として支給可能な額だと思います。

税務署が内閣総理大臣の日当を引き合いに出すのは、出張旅費の金額をできるだけ下げて、税金をより多く集めるためです。税務署にとって都合のよい数字を、実例として挙げているだけです。

ちなみに、国会議員には、領収書が不要だったり、一定額以下は領収書の写しを提出する必要がない支出があり、連日ニュースでも取り上げられています。国会議員は秘密裏に経費を使っているのですから、もし税務署から出張旅費に関して指摘を受けたら、この話題を持ち出して、反論してみてはいかがでしょう。

私の所感としては、宿泊がともなうなど、きちんと説明がつくのであれば、出張日当を2万円としても問題ないと思います。このぐらいの額であればＯＫとする税理士もいるはずです。

知り合いの社長さんに、社内で策定した出張旅費規定の金額を尋ねてみるのもいいかもしれません。御社よりも設定金額が高めで、その会社の顧問税理士が節税に協力的であれば、いっそのこと、顧問税理士の変更を検討してみてはいかがでしょう。

賢く節税するために、ここまでの話を参考にして、税理士と上手に交渉し、出張旅費を見直す機会としてください。

税務署が認めているルールを利用して社会保険料を節約

ここで紹介するのは、役員報酬料を調整して節税する方法です。

「事前確定届出給与」という制度をご存じでしょうか？　法人では、経営者や監査役といった役員に支払う役員報酬の金額を決めたら、事前に税務署に届出をしなければなりません。これにより、月々の役員報酬は定額となり、役員は賞与のような一時金を受け取れなくなります。

しかし、新年度が始まってから2カ月以内に、その年度内に賞与を支払うことを届出しておけば、役員も役員報酬とは別に賞与の受け取りが可能になります。

この「事前確定届出給与」を利用して節税する方法があります。

事前に賞与を払うとしつつ、会社に利益が出ればそのまま支払いますが、利益が出なかった場合は賞与はなしとします。このように、会社の最終利益を賞与枠で調整し、節税につなげます。

また、役員報酬を減らし、賞与を増やすことで、法人が負担する社会保険料の支払い額も抑えることができます。

例えば、月１００万円支払われていた役員報酬を５万円とし、95万円×12カ月分の１１４０万円を賞与に回します。

役員報酬が月１００万円のときは、毎月の社会保険料が約30万円（会社と従業員負担の合計）で、年間約３６０万円の負担となります。

一方、月５万円の役員報酬に対する社会保険料は約２万円で、年間約24万円。賞与１１４０万円に対する社会保険料は約１００万円です。

役員報酬が毎月１００万円であれば、年間社会保険料は約３６０万円ですが、一方で、毎月５万円の役員報酬に賞与１１４０万円とすると、年間社会保険料が約１２４万円となるのです。

これが「事前確定届出給与」を利用した社会保険料を安くする方法ですが、この節約法に乗り気でない税理士もいます。

なぜなら、社会通念上、不当に高額な賞与は損金に算入できない場合があり、また、株主総会の決議も必要になります。同業他社・同規模他社の役員賞与も判断基準となるため、社会保険事務所から指摘を受ける可能性もあるからです。

また、通常、社会保険の手続きは、税理士が担う所得税や法人税などの税務業務に含まれておらず、リスクもともなうことから、社会保険料の節約方法を提案する税理士は多くはありません。クライアントを守るためにも、「手を出さないほうが無難」と予防線を張っているようです。

会社から個人へお金を貸して運用

個人所得の最大税率（所得税・住民税）が55％なのに対し、法人所得の最大税率は約30％です。

また、個人が持っている株や保険の配当金などにかかる税金（所得税・住民税）は20％です。

これらをうまく利用して、賢く節税しましょう。

具体的に説明すると、所得税率の低い会社から、社長個人にお金を貸し付けます。貸付金には税金がかからないので、そのお金を社長個人が株や保険で運用すれば、税率を低く抑えることができるのです。

会社にお金を残しつつ、低い税率でお金を運用できる方法です。

もちろん、会社から社長個人がお金を借りれば、金融機関からの借入金と同じように、社長は会社に定期的に返済をしなければなりません。もし貸付金の返済がなされない場合は、税務署から役員報酬や役員賞与とみなされるかもしれません。

会社と社長個人の間で「金銭消費貸借契約」を結び、銀行からの借入金と同程度の金利を設定しておきましょう。

契約書が存在することで、報酬ではなく、正式なお金の貸し借りだという証明になります。そして、金融機関からの借り入れ条件と比べて著しく有利な契約内容とならないよう注意し、社長は契約書通りに返済を行いましょう。

節税商品を購入する

不動産投資の話の中にも登場しましたが、節税効果を求めて購入する節税商品は、その購入費用を経費とすることができます。

また、商品によっては他者にレンタルすることで、そのレンタル料から収益を得られるものもあります。

つまり、節税商品を購入すると、一時的に利益が下がって税金を抑えられ、次年度以降に利益を回せるのです。

どれくらいの額を経費にできるかは、節税商品によってさまざまです。

１００万円の節税商品なら、一括で減価償却できることもあれば、80万円だけ経費として計上できるものもある、といった感じです。

具体的にどんな節税商品があるかというと、ここ最近は、暗号資産のマイニングマシンが人気を集めています。

また、「中小企業経営強化税制」を利用して開発された節税商品もあります。「中小企業経営強化税制」は、中小企業が設備投資を行う際、経営力向上のために必要な備品は、その費用が一括で経費にできるというものです。

過去には、コインランドリーやＰＣサーバーが、この税制を利用した節税商品として販売されていました。

本来、中小企業の経営を良くするための制度ですが、この制度をうまく利用した節税商品が市場に出回っているのです。

第1章でもお話ししましたが、節税商品は次々と規制の対象となっています。過去には保険やドローン、工事現場の足場、ＬＥＤなどが節税商品として販売されていました。しかし、現在は税制改正により規制が強化されています。

節税商品を購入する経営者の増加が問題視されたことで、金融庁と国税庁が封じ込めに力を入れ始めたのです。

しかし、節税商品を扱う会社は、いまもなお増え続けています。

その理由は、単純なことですが、節税商品の開発・販売によって大きな利益が得られるからです。

例えば、５０００万円の高額節税商品を販売し、その利益率が20％で１０００万円の儲けが出た、といった話を聞いたことがあります。

商品を一つ売っただけで、利益が１０００万円残るなど、常識的な感覚からすると、耳を疑ってしまいます。

裏を返せば、たとえ高額であっても、飛びつく経営者がいるということです。中には、毎年5億円を節税商品の購入に使う経営者もいるそうで、これだけで、販売会社には1億円の利益が生まれます。

ニーズがあり、確実に儲かるので、節税商品はなくならないのです。

規制が厳しくなったことで、節税商品の市場はクローズド状態だとお話ししました。なので、節税商品を探すには、人づてに紹介してもらうか、税理士に相談するのがおすすめです。

私に連絡をいただいても構いません。

直接お目にかかったとき、税務署の職員でないことさえ確認できれば（笑）、ご相談を承ります。

ＳＮＳなどでも時々情報を発信していますので、ぜひチェックしてください。

マイクロ法人を活用して保険料を節約しよう！

高額年収の個人事業主にとって、国民健康保険料の負担は決して軽いものではありません。所得に応じて金額が決まるため、年間所得８００万円の場合、約80万円もの健康保険料がかかります。

そこで、**「マイクロ法人」を設立し、社会保険に加入することで、保険料の負担を大きく減らすことができます。**

マイクロ法人とは小規模なビジネスを行う法人のことで、従業員は社長のみという会社がほとんどです。

法人を設立したら、毎月５万円の役員報酬を設定し、社会保険に加入します。

そして、個人事業とは別に、その法人で仕事を請け負い、年間70万円程度の利益を出します。この場合、社会保険料（健康保険料）に厚生年金を加えても年間約25万円となり、国民健康保険に加入していたころに比べて、約55万円もの節約になります。

また、基礎控除や給与所得控除が適用されるので、節税にもなります。役員報酬が年間60万円であれば、所得税や住民税は1円もかかりません。もっとも効果的な節税対策と言えるでしょう。

しかし、会社を経営していくには決算公告の義務がともない、そのための経費が発生します。税理士と契約する場合、相場は年間20万円から25万円程度ですが、会計ソフトなどを利用して申告までを自分でやってしまう方法もあります。そうすれば、経費は年間2～3万円のソフト代くらいです。年間70万円の利益のうち60万円を役員報酬とし、25万円程度を決算費用として計上します。

帳簿上、多少赤字となりますが、法人住民税は最低額の７万円に抑えることができます。

「マイクロ法人」を活用した節税方法の注意点としては、個人と法人の事業内容を異なるものにする必要があるということです。例えば、個人事業が建築業で、法人でも同じ建築業とすると、マイクロ法人が実体のないものと疑われる恐れがあります。

ちなみに、年間70万円の利益を出すには、例えばクラウドソーシングサイトを利用して、副業を行います。時給２０００円なら、年間３５０時間、つまり月に30時間程度の仕事をすれば70万円の売上となり、ほとんど経費がかからないため、利益もほぼ同額です。

法人を最大限活用して賢く節税する

法人を設立すると、仕事上必要なものであれば、それをプライベートで使っても、そのものの出費は会社の経費として計上できます。

一番わかりやすいのが、車です。**法人名義で車を購入すれば、その費用は全額経費となります。**

個人事業ではそうはいきません。法人だから可能なのです。

第3章で、「スーツは経費にできるのか?」という話をしますが、スーツは、事業用とプライベート用が明確に区別できないと、経費として認められません。ですが、車の場合、たとえプライベートで乗り回していても、1台までは税務署からは何も言われません。

「この差はいったい何なんだろう？」と、いつも私も不思議に思っています（笑）。

ただし、社長1人きりの会社だと、2台目以降は個人の所有物とみなされます。

「なぜ複数台の車を持つ必要があるのか」と確実に指摘されます。

車以外にも、例えば、スマホ代や通信費は、法人名義であれば全額経費にできます。個人事業の場合だと、これらの費用をプライベート用と事業用とで分けて計上しなくてはなりません。

個人事業を法人化する判断基準としてよく知られているのが、事業利益800～1000万円です。このへんの数字に達すると税率が下がるからです。

加えて、個人事業ではプライベート利用とみなされる費用が経費になるという点も、法人化のメリットとして考慮すべき点だと私は思います。

さらに法人は、家族を役員として雇い、役員報酬を支払うことができます。

個人事業で家族に給料を支払うにはいくつかの要件があり、税務調査ではその家族の実働時間などが細かくチェックされます。

一方で、法人が家族に役員報酬を支払った場合は、常識的な金額であれば、個人事業の場合よりも経費として認められやすいです。たとえ労働時間がゼロであったとしても、その家族は役員としての責任を担っているので、報酬を受ける立場にあるからです。

例えば、個人事業で妻を月20万円で雇ったとします。税務調査では、妻がなんの仕事をし、月に何時間ほど働いたのかを詳しく調べられるでしょう。もし、経理担当として月に10時間働いたのであれば、時給が2万円にもなり、これでは、「経理の仕事としては時給が高すぎる」と指摘を受けるでしょう。もし経理ソフトに触れたこともないなど、妻に経理の知識がないとなれば、そもそも経費として認められなくなってしまいます。

しかし、妻が自分の会社の役員となり、役員報酬としてお金を支払うぶんにはまったく問題視されません。先にも述べましたが、役員には、会社の方針決定や取締役会対応など役員として果たす責務があるため、報酬を支払う理由が明確化されています。

もちろん、ほぼ実体のないペーパーカンパニーで、妻に毎月３００万円の役員報酬を渡していたら、間違いなく税務署から指摘され、追徴課税の支払いを命じられます（笑）。

家族を役員にして役員報酬を支払うことで、世帯あたりの手取りを増やすことができるのです。たとえ未成年の子どもを役員にしても、「会社を継いでもらうため」という理由をつければ、税務署も反論できないでしょう。

役員報酬は1人に1000万円支払うよりも、2人で500万円ずつなど、分けて支払ったほうが税率は低くなり、世帯の手取りを増やすことができます。

また、所得税は、役員報酬が年103万円までは0円になるので、こちらも節税効果が高いです。

法人を設立すると、さまざまな出費が経費として計上でき、さらに家族に役員報酬を支払うことができます。これらの法律の穴を使えば、賢く節税ができます。

生命保険は部分解約で節税

この章の最後では、ほとんどの方が加入している生命保険について、解約の際のお得な節税方法を紹介します。

個人で貯蓄型の生命保険に加入している場合、解約時に戻ってくる解約返戻金は一時所得として扱われるため、利益が出ると所得税がかかります。

もし、あなたが、コツコツと20年ほどかけて１０００万円もの金額を積み立てているのであれば、**解約時には「全てまとめて」ではなく、部分解約をしたほうが節税になります。**

なぜなら、年間で解約益50万円までは税金がかからないからです。

貯めるのにも時間をかけ、そして解約するのにも時間をかけて、できるだけ支払う税金を抑えましょう。

そして、本章で、お金を効率的に借りて投資をする方法ご紹介しましたが、ここでも節税対策として活用できます。

例えば、先に紹介した小規模企業共済からお金を借りて、それを貯蓄型の生命保険に投資して増やすという流れです。最近は年利５％という保険も出てきました。

保険を解約する際は、解約益が年50万円を超えないように部分解約を行います。

低い金利でお金を借りて、高い金利で運用します。そして、解約益を調整することでかなりの税金を抑えることができます。

さらにお得な話をすると、

この節税方法は、家族単位で行えばさらに効果的です。

４人家族でそれぞれ貯蓄型の保険に入れば、解約益に対する税金は、単純に50万円×４人で２００万円まで非課税、という計算になります。

生命保険は0歳から加入できるので、家族全員がこの節税方法を行えば、より多くのお金を残すことができる、ということです。

以上、この章では、いますぐにでも取り組めるさまざまな節税法を紹介してきました。

みなさんが、耳にしたことのある制度や節税のやり方もあったかと思います。

しかし、実際に行動に移せている人は少ないのではないか、と私は感じています。

節税をするには、税金だけでなく、不動産や保険などの知識も必要です。節税商品などの情報収集も続けなくてはなりません。そして、なにより、協力してくれる税理士との出会いが重要になります。ハードルは高いです。

それでも、役員報酬や個人事業の収入に対する税金が最大55％という現状が変わることはありません。

仕事に全力で取り組むのは素晴らしいことですが、何もしないでいると、稼いだお金の半分を税金に持っていかれてしまうのです。

どの節税対策を取り入れるか、金利の差を利用していかにお金を増やしていくのか……。仕事に注いでいた１００％の力のうち、10％だけでも、節税に注ぐことで、生涯で手元に残るお金は確実に増えます。

紙面の都合上、本書に書き切れなかった節税法や、活字では伝わりづらい情報は、読者のみなさんに特典として提供いたします。

巻末特典のページからぜひチェックしてみてください。

参考

国家公務員の旅費に関する法律
https://elaws.e-gov.go.jp/document?lawid=325AC0000000114

財務省／法人課税に関する基本的な資料
https://www.mof.go.jp/tax_policy/summary/corporation/c01.htm

財務省／税率・税負担等に関する資料
https://www.mof.go.jp/tax_policy/summary/income/b02.htm

独立行政法人 中小企業基盤整備機構／小規模企業共済とは
https://www.smrj.go.jp/kyosai/skyosai/index.html

三井住友銀行／外貨預金金利
https://www.smbc.co.jp/kojin/kinri/gaika.html

独立行政法人 中小企業基盤整備機構／経営セーフティ共済とは
https://www.smrj.go.jp/kyosai/tkyosai/

第3章　実例や裁判から学ぶ完全ブラックな節税術

高級時計、高級バッグを経費にするな

この章では、注意喚起の意味合いも含め、「やってはいけない！」脱税例を取り上げます。

まねをすると、追徴課税となり、逮捕という最悪の事態を招くこともあります。もし、「このくらいは、やっているかも」と思い当たる節があれば、考えを改めてください。

まずは高級品の購入についてです。

「会社の経費で高級時計を買った」「高級バッグが経費で落ちた」と、社長さん同士が嬉しそうに話をしている場面に出くわすことがよくあります。

私は口にしないまでも、「それって、追徴課税となる案件では？」とやりきれない思いになります。

このような話がまことしやかに語られているのは、「たまたま税務調査に入られずに見逃されただけ」という事実に、当の本人たちが気づいていないからです。

経費として認められたわけではないのです。

社長同士の会話は必ずしも信用できるものではない、ということです。

一般的に、高級時計や高級バッグは経費としては認められません。

理由は、日常使いできる時計やバッグは、「仕事用」か「プライベート用」か、区別するのが難しいからです。

ただし、認められるケースがないわけではありません。

例えば、代理店として、高級時計やバッグを販売目的で購入する場合は、当然、経費として計上できます。

仕事中だけでなく、プライベートでも、その時計やバッグを持ち歩くのは宣伝活動にあたるため、広告宣伝費として認められます。

もちろん、誰もが代理店経営に向いているわけではないので、万人におすすめはできませんが、人によっては、時計やバッグが手に入るだけでなく、ビジネス面でのメリットも得られるかもしれません。

高級時計やバッグを販売する会社に、代理店契約を申し出ます。このへんは、比較的スムーズに事が運ぶはずです。契約を締結して販売実績をつくれれば、税務署からは事業とみなされます。もちろん、契約書は必ず作成し、いつ調査が入ってもいいように大切に保管しておきます。

５００万円の時計を経費で購入したとしても、成果報酬として１０００万円の収入があれば、ビジネスは成立しているとして問題ないでしょう。

税務署に対して、事業としての正当性を証明しやすくなります。

ただし、高級時計やバッグを購入してから数年が過ぎ、そのタイミングで税務署の調査が入った場合、それまでになんの実績も残せていなかったら、経費として承認を得るのは非常に困難と言えるでしょう。

代理店として、高級時計やバッグを継続的に売っていなければなりません。

第三者から見ても、「明らかにこれはビジネスだ」と認識される状況を、帳簿上つくっておく必要があります。

余談ですが、私もテレビ局や不動産など、さまざまな業界と代理店契約を結んでいます。おかげで、経費として認められる出費の範囲が広がり、しかも、代理店業務での売上も伸びています。

代理店ビジネスは、商品を紹介された人が、その商品を購入することで満足を得られ、一方、紹介した側も紹介料として、契約先から代理店手数料を受け取ることができます。紹介された側、紹介する側、さらに商品を販売する側にもメリットが生まれます。

高級時計やバッグが経費となりえる場面が、もう一つあります。それは、人前に立つことが、ビジネスに直結しているケースです。

例えば、テレビや雑誌取材などでメディア露出が多い社長さんや、最近ではYouTuberなどもそうですが、大衆の目に留まる機会の多い人は、視聴者（消費者）に与える〝見た目の印象〟がビジネスに影響を与えかねません。この場合、「ブランディングのための広告宣伝費」というロジックがうまく成り立てば、高級時計なども経費として認められることがあるのです。

税務調査では、「常識の範疇に収まっているか」が経費として認めるか否かの一つの基準となっています。そのため、「高級時計はダメ。高額すぎる」と判断する調査官が多いのです。

しかし、繰り返しになりますが、経費の上限額は法律で決まっているわけではありません。

「なぜ、この高級時計が経費なのか」という明確な理由がありさえすればいいのです。つまり、高級時計を身に着けることで、それに見合った売上や利益を上げているかどうか、具体的に説明できれば経費として認められるのです。

税務署は、売上や利益に直結していない出費を問題とするだけで、そのつながりが明瞭であれば、経費としてしっかり認められます。

スーツは経費にできるのか？

税理士によって判断が分かれる出費の一つが、スーツです。

スーツを経費として認める税理士は少数派です。

税法上、スーツは家事関連費（仕事用の支出とプライベート用の支出が混在しているもの）に該当します。その他の家事関連費としてわかりやすい例は、自宅を事務所としている個人事業主であれば、「家賃」「電気代」「インターネットプロバイダー料金」などです。

家事関連費は、原則として経費に算入することができないとされたうえで、一定の要件を満たす場合は経費として計上することができます。

家事関連費のうち、業務遂行上必要な部分（仕事用の支出）が明確であれば、仕事に必要な割合だけを経費にすることができます。

しかし、仕事用かプライベート用かを明確に区分できない場合は、1円たりとも経費にすることはできません。スーツの場合、「結婚式やお葬式でも使えますよね」と税務調査で指摘されることが多いです。

過去に、大学教授がスーツを経費として計上したことから裁判になり、「スーツは経費ではない」との判決が下されました。「被服費は個人的な家事消費に属する」とされています。つまり、仕事で着用することがあっても、私服はプライベート用に区分されて経費にならない、ということです。

ですが、私は50万円ほどで買った勝負スーツを経費としています。税務調査で問題にされることも覚悟しつつ経費として計上しているのですが、これには理由があります。

実は、この大学教授の裁判で示された見解によると、「職種に応じて一定の種類、品質、数量以上の被服を必要とする場合、その被服費は勤務に関連するものとして、家事費ではなく、家事関連費である」とあります。また、「勤務上必要とした部分を他の部分と明瞭に区分できる時、その部分の支出は必要経費になる」ともされています。

簡単にいうと、「職業によっては、スーツでも仕事用とプライベート用を明確に区分できれば、経費にできる」ということです。

私は勝負スーツを、講演、接待、テレビ出演などの現場でのみ着用し、さらに職場で保管しています。スタッフの目につく収納場所を選んでいるので、みなもそれを認識しています。

もし、税務調査が入り、「プライベートで着ていないことを証明できますか？」

と問われたら、「ボスはスーツを事務所に置いており、プライベートでは着用していません」と、スタッフたちに証言してもらうつもりです。さすがにスーツの着用記録までは面倒なのでつけてはいませんが、そこまでやればより完璧でしょう。

このように、仕事用とプライベート用をはっきりと区分することができれば、スーツも経費になる可能性があります。

ただし、あくまでもこれは私のやり方であって、他の税理士が同じような対応をしてくれるとは限りません。

家事関連費が経費となるかの判断は税理士によって異なり、また税務調査官の見解にも左右されます。そのため、経営者自身が、経費に対する知識を持つことが重要だと私は思っています。

コンサルティング費用での領収証は要注意！

先日、とある節税コンサルタントのブログを読んでいると、次のような脱税方法が紹介されていました。

高級時計を輸出している業者から、直接時計を購入する。その際、業者が発行する領収証の但し書きは「時計代」ではなく、「コンサルティング料」としてもらう。これで、高級時計が経費として計上できる……といった内容でした。

税務調査でその領収証について尋ねられたら、「輸出に関する専門知識を学ぶためにコンサルティング料を支払った」と説明するように……ともありました。しかも、輸出について学んでいるかのように見せかけるため、関連資料を事前に用意しておく、といったアドバイスまでありました。

この行為は明らかに違法です。領収証の偽造は私文書偽造にあたります。この場合、時計の購入者だけでなく、販売した業者も罪に問われるでしょう。
また、時計を買っておきながら、「コンサルティングを受けた」としているため、悪質な脱税として重加算税の対象となります。納税額に対して35～40％の金額を追加で支払う義務が生じます。

節税コンサルタントがこの脱税法をブログに公開したのは、自身のサービスの売上を伸ばしたいがためでしょうが、これは決してまねをしてはならない、非合法なやり方です。

実は、時計に限らず、なんらかのサービスや物品を購入し、「コンサルティング料」として領収証をもらっている経営者は少なくありません。

しかし、このようなごまかしは明らかに危険です。高額なコンサルティング料が記された領収証は調査官の目に留まりやすく、税務調査の際に詳しくその内容を尋ねられます。うまく説明ができないと、領収証を偽造したことがバレてしまいます。

残念なことに、世の中には〝正しくない〟節税方法が溢れています。

節税と脱税をきちんと見分けるには、情報提供者が税理士資格を持っているか確認することが肝要です。

日本税理士会連合会のウェブサイトで名前を検索し、税理士登録されているかチェックしてみてください。

あまりおすすめはできませんが、税理士資格を持たない節税コンサルタントに仕事を依頼する場合は、コンサルティング契約をしっかりと結び、問題が生じた場合の責任の所在を明確にしておくようにしましょう。

まだまだある脱税事例

ここからは、私が過去に発見した、クライアントの脱税事例をまとめてご紹介します。全て完全にアウトです。決してまねはしないでください。

金券を取引先に配ったことに

会社で購入した金券や食事券は、取引先等に配れば交際費として認められます。しかし、それらの金券を社長が個人的に使用したり、現金化した場合は、脱税行為にあたります。

決算月に慌てて金券を購入し、個人的に使ってしまう経営者は意外と多いです。新幹線の回数券で経費を水増しして、「節税だ！」なんて社長さんもいました。

しかし、金券を経費に計上し、その出費が税務調査で指摘されて裁判にまで発展したケースもあるのです。裁判では、金券を取引先等に本当に配布したのかどうか、つまり、**「配布先が不明であれば経費に該当しない」という税務署の主張が争点となりました。**

金券を経費にする場合には、誰に配ったのかを記録として残すとともに、受け取る側からは受領証を発行してもらい、保管しておきましょう。

ポケモンカード脱税

「これを交際費に?」と私も驚いたのですが、ポケモンカードを経費で落とそうとしたクライアントの話です。

近年、ポケモンカードの人気は非常に高く、買い取り市場も活発です。一枚で数十万円から数百万円の値がつくカードもあります。こうした状況を悪用した脱税です。

まず、会社の経費でポケモンカードを箱買いします。その中に、数十万円から数百万円するレアカードが1～2枚含まれていることがあります。社長はレアカードだけを抜き取って売却し、現金化。残りのカードは従業員や取引先に配ってしまいます。

本来であれば、社長は売れたカードの対価分を会社に支払わなければなりません。

それを行わないで、自分のものにしてしまうのですから脱税になります。

30万円未満の絵画でも

30万円未満であれば、会社で絵画を購入しても一括で経費として処理できます。決算書に資産として記載する必要はありません。

しかし、その絵が無料で社長の手に渡り、自宅に飾られたり売却されたりすると、少し話が違ってきます。

絵画の時価を鑑みて、社長は会社に対価分を支払う必要があります。それを行わずに、個人的に絵を売却して現金化するのは、明らかな脱税になります。

しかし、決算書上、この絵画は資産に計上されていないため、税務署から指摘されるまでには至らないでしょう。税務署としては調査の限界です。

ただ、この先、自宅に持ち帰った絵の価格が高騰し、何千万円という値がつかないとも限りません。そこで売却したことが税務署に見つかれば、「どこで買ったのか？」と説明を求められるでしょう。

調査官にすぐに脱税が見破られてしまいます。

金貨をこっそり交換

流れはおおよそ次のような感じです。

会社の経費で1000万円の金貨を購入→社長が個人的に所有する100万円の金貨と交換→社長は1000万円の金貨を売却し、現金1000万円を手にする→会社に残るのは100万円の金貨。

金貨の価値は見た目で判断するのは難しく、税務署も恐らく見分けがつかないでしょう。

とは言っても、価値の異なる二つの金貨を交換しているわけですから、当然、脱税行為です。

あるクライアントから、「これで節税できますよね?」と尋ねられたことがあり、「よくそんなこと思いつくなぁ……」と愕然としたのを覚えています。

実際にやっている人もいるのではないかと危惧していますが、完全に脱税です。絶対にまねをしないでください。

口裏を合わせて交際費に

一見、ハードルが低く感じるので、軽い気持ちでやっている人が多い脱税です。

仕事とは無関係な食事の場での出費を、交際費として経費にしてしまう人がいます。知り合いに頼んで一緒に食事をしたことにしてもらい、領収証の裏書きに同席者名の記載が必要なときは、その知人の名前を記入します。

税務調査が行われると、このような不正はすぐに発覚します。手帳などからスケジュールがチェックされ、誰と食事をしていたのか事細かに聞かれます。

手帳には〝プライベート〟となっているため、仕事で食事したとされる領収証との矛盾が指摘され、食事代は経費から外されることになります。

恐るべし無申告者

税務申告せずに放置し続ける。

開いた口が塞がらないというか、悪い意味で、極めつきの脱税法ではないでしょうか。

無申告で税務調査が入った際は、過去5年分にさかのぼり、調べが行われます。その5年に目をつけ、とにかく逃げ切る作戦なのです。

無申告の期間が長ければ長いほど、税務調査は過去5年分に限られるため、納税額を抑えることができてしまうのです。

例えば、年間で３００万円の利益がある会社が、20年間の申告を怠ったとします。ここで税務調査が行われたとして、法人税を15％で計算すると、過去５年分の法人税は３００万円×15％×５年＝２２５万円となります。これに、無申告加算税約30万円、延滞金約67万円が加わり、概算で、約３２２万円が納税額となります。

この計算によると、たとえ現時点で３２２万円を支払ったとしても、５年間で１０００万円以上のお金が手元に残ることになります。

しかも、15年間分の納税額はゼロ。毎年発生する申告費用や税理士費用もかかりません。とはいえ、相当の度胸が据わっていない限り、実行に移せない脱税法ですが。

「自分のところなんかに税務調査は入らない」と高をくくり、申告を怠る人がたくさんいます。

しかし、無申告に対する罰則は厳しくなっています。令和4年度の税制改正で、「証拠書類がない簿外経費の必要経費不算入・損金不算入措置」が新設されました。

簡単に言うと、無申告が発覚し、領収証やレシートなどを全て破棄していた場合、1円たりとも経費の計上を認めないというものです。以前は、売上に対する経費が一定程度は認められていましたが、税制改正により、経費は一切認められなくなり、売上の全額が課税対象となりました。

また、無申告者の増加にともない、2024年1月に無申告加算税（罰金）の税率が引き上げられました。無申告が発覚した場合、本来納めるべき税金に加えて、無申告分の税金50万円までは10%、50万円超300万円までは15%、そして300万円を超える分に対しては25%の無申告加算税が課されるようになりました。

そもそも無申告者は、税制改正そのものを知らないでしょうが、無申告が発覚したとき、そのダメージは相当大きいものになるはずです。

引っ越しで税務調査から逃げ切れる？

税務調査が入るとわかったら、調査日までに会社の住所を変更し、税務署の管轄が変わることで税務調査から逃れられる……ということが、少し前までは可能でした。

しかし、いまはこの抜け道は通用しなくなっています。

例えば、かつては、品川にある企業が税務調査の通知を受けた後、横浜へ本社を移転すれば、税務署の管轄が変わるため、税務調査を回避することができました。

管轄の異なる税務署間では情報が共有されておらず、他所の管轄に移転されてしまうと追跡が困難となっていたのです。税務調査の時効は最長7年なので、調査される側は引っ越しを繰り返して逃げ切ることができたのです。

令和3年度の税制改正により、「法人税などの調査通知を受けた後に納税地に変更が生じた場合、変更前の税務署長が必要と判断したときは、旧納税地の税務署の職員が、新納税地の税務署の職員に代わって、法人税などに関する調査を行う納税義務者に対し、質問や検査の権利を行使できる」と定められました。

なので、税務調査前に引っ越しをしたとしても、以前の管轄の調査官が腕まくりしながらやってきます（笑）。

税務署にバレバレの古典的脱税法

私が税務調査の現場で目にした脱税の中で、ついやってしまう人が後を絶たない例を取り上げたいと思います。

ある意味、古典的な手口なので、税務署にバレることがほとんどです。注意してください。

架空の人件費を計上する

存在しない従業員に給与を支払ったことにしたり、仕事の発注をしていないにもかかわらず外注費を支払ったことにしたり。

特に、実際には働いていない家族に給料を支払っているケースがよくあります。

レシートをかき集める

コンビニエンスストアやガソリンスタンドには、よくレシートが捨てられています。これらを拾って持ち帰り、経費として処理するパターンです。

ガソリンスタンドのレシートは、日付を見れば一日に何度も給油したことになり、すぐにバレます。

白紙のままの領収証

飲食店などで、宛名や金額の書かれていない白紙の領収証を受け取り、数字を自分で記入して経費精算に回す、というのもよくあるパターンです。

利用した店とは不釣り合いな金額だったり、筆跡が全て同じだったり。調査官の問いかけに対する回答に矛盾や不審な点がある場合は、領収証の発行元に問合わせをされることもあります（反面調査）。

私の経験上、税務調査に協力的で、質問に的確に対応していれば、反面調査が行われることはほとんどありません。

ちなみに領収書の宛名に「上様」とよく目にしますが、税務署に認められないことが多いため、宛名には会社名や個人名など、正しい名称を記載してもらうようにしましょう。

売上を計上しない

飲食店や夜の商売など、現金取引を主とする業種に多い、「売上をそのままポッケに入れて申告をしない」ことを売上除外と言います。

売上除外をすると、売上に対する経費の割合が同業他社と比べて不自然に多くなります。当然、税務署は目を光らせます。調査官が一般客のふりをして来店し、現金や伝票がどのように管理されているかをこっそりチェックしたり（覆面調査）、予告なしの立ち入り調査で不正が発覚することもあります。

ちなみに、売上除外で得た帳簿に載らないお金はどこにあるのかというと、未申告の隠し口座で管理されていることが多いです。

税務署には預金口座の調査権限があるので、社長の口座を照会して隠し口座を見つけ出したり、あるいは、取引先に税務調査に入った際に、領収証を持ち帰り入金状況をたどったりします。基本、お金の流れは税務署に筒抜けです。

「都市銀行はすぐにバレるけど、地方銀行の口座なら見つからない」などと話す社長さんがいましたが、なんの根拠もないただの噂に過ぎません。

軽い気持ちで脱税する人は、「自分の会社なんかに税務調査は入らない」と呑気に構えているようですが、ちょっと考えが甘いかもしれません。

事実、年商3００万円の会社に税務調査に入り、私の事務所が対応したこともあります。事業の規模や年商にかかわらず、正しく申告しましょう。

海外でなら脱税できるのか

外国の金融機関に保有する口座を利用した国際的な脱税を防止するため、経済協力開発機構（ＯＥＣＤ）が策定した制度があります。それが、ＣＲＳ（Common Reporting Standard）です。

ＣＲＳに参加する１００を超える国・地域は報告対象国として、税務当局間で金融口座情報を自動的に交換することになっています。つまり、銀行や証券、保険などの情報は各国の税務当局で共有されているのです。

報告対象国間で国際送金をすると、情報は全て税務当局が把握することになります。

日本をはじめ先進国のほとんどがＣＲＳに参加していますが、カンボジアやラオス、アフリカの国々など、一部未参加の国もあります。それらの国に資産を移し、脱税を試みる人たちがいるのです。日本の税務当局がお金の動きを把握しづらいからです。

ただし、日本の銀行から海外へ送金をするところまでは、税務当局の調査範囲内です。そこで、彼らは現金をハンドキャリーで運んだり、あるいは金貨や絵画、高級時計に換えて海外に持ち込んだりします。そうすることで、足がつかず、さらに入国先で銀行口座とクレジットカードを作成します。

そのクレジットカードを使って日本で買い物をしても、日本の税務当局に把握されることはありません。

新紙幣の発行で旧札が使えなくなるといった噂が広がり、タンス預金を海外へ逃がすことを考える人や、円安が進む中、海外に資産を置いておこうとする人たちが増えているようですが、これらの行為が脱税となることを理解しておいてほしいのです。

日本から海外に１００万円以上の資産を持ち出す際には、申告義務があります。また、国外財産調書制度により５０００万円以上の資産を海外に保有する場合、日本の税務署に届出が必要です。これらを行わない場合、違法となります。

このような申告・届出をスルーする人たちは、海外口座を利用した投資でたとえ利益が出ても、当然ながら日本の税務署に所得税の申告はしません。これは明らかな脱税です。

グローバル社会の中で、海外との行き来も当たり前になり、このような脱税に手を染める人が増えていると聞きます。

国税局も本気を出せば、ＣＲＳの報告対象国以外の国であっても、必要な情報は入手できます。おいしい話を耳にしても、安易に誘いに乗らないよう注意してください。

逮捕基準は1億円？

「税務調査の連絡がきた」「数百万円の脱税をしていた」「確定申告をしていない」。

だから、「逮捕されるのか？」

こういった問合せをよくいただきます。

脱税が発覚したからといって、すぐに逮捕されるわけではありません。

逮捕されるかどうかの判断には、一定の基準があります。

その基準の一つが脱税額です。

通常の税務調査は各地にある税務署が行いますが、悪質な脱税者に対しては、国税局が刑事責任（脱税犯として刑罰を受ける責任）を問うために調査を行うことがあります。この調査は一般的に査察と言われます。

国税庁の「令和4年度 査察の概要」によれば、1年間に告発された件数は103件で、1件あたりの脱税額は約9700万円にのぼります。また、令和元年から3年にかけての1件あたりの脱税額は、それぞれ約8000万円、約8300万円、約8100万円です。このことから、おおよそ1億円の脱税が告発される基準となり、逮捕される可能性があると考えられます。

査察事件の一審判決を見ると、有罪率はほぼ100%です。告発された場合、ほぼ間違いなく有罪となります。しかし、有罪判決が下されても、多くのケースで執行猶予が付くため、実際に刑務所に入る可能性は低いです。

年間の告発件数は約100件です。これに対して税務調査は法人・個人を合わせて10万件以上を対象に行われています。

つまり、税務調査の中でも査察が入る可能性は0・1％以下ということです。また査察が入る場合は無予告調査です。裁判所の令状を持った調査官が突然やってきます。事前に、「〇月〇日調査に行きたいのですが」と電話で連絡が入る税務調査で逮捕されることはありません。

みなさんはこの数字を聞いて、どう感じるでしょうか？

日本国内には、個人事業主と会社を合わせて約350万社（者）あるとされています。この数字に対して、年間100人の逮捕者は

図7　査察事件の一審判決の状況

	A 判決件数	B 有罪件数	有罪率（B／A）
令和2年	件 87	件 86	％ 98.9
3年	117	117	100.0
4年	61	61	100.0

少ないと言えます。

国税局による査察は、選抜されたエリートチームが実施します。彼らのリソースには限界があり、そのため年間100件程度の逮捕となっているのでしょう。

国税庁が毎年、査察の概要を公表しています。その序文には、「査察制度は、悪質な脱税者に対して刑事責任を追及し、その一罰百戒の効果を通じて、適正・公平な課税の実現と申告納税制度の維持に寄与することを目的としています」とあります。(国税庁「令和4年度 査察の概要」より)

つまり、悪質な脱税者を逮捕することで、国民に脅しをかけ、適切に納税するよう、うながしているということです。

裏を返せば、脱税による逮捕を過度に恐れる必要はない、と解釈もできます。

個人的には、「一罰百戒の効果を通じて」と記されているところに、国家権力の圧力を感じますが。

国税庁がまとめている「査察の概要」には、さまざまな脱税スキームや査察件数の多い業種が記載されています。興味がある方は、ネットで「査察の概要」と検索してみてください。

参考

最高裁判所／事件番号・昭和41(行ウ)10　事件名・所得税決定処分取消請求事件
https://www.courts.go.jp/app/hanrei_jp/detail5?id=18055

自由民主党／令和4年度税制改正大綱
https://www.jimin.jp/news/policy/202382.html

総務省／令和３年度税制改正の大綱
https://www.soumu.go.jp/main_content/000724449.pdf

国税庁／令和4年度 査察の概要
https://www.nta.go.jp/information/release/kokuzeicho/2023/sasatsu/r04_sasatsu.pdf

総務省統計局／我が国の事業所・企業の経済活動の状況
https://www.stat.go.jp/info/today/pdf/195.pdf

第４章　税務調査のベストな対処法

税務調査中に社長は外出せよ

この章では、税務調査の対処法について話していきたいと思います。
税務調査で調査官と上手にやりあう方法です。

税務調査は個人の場合には2日間、法人では3日間にわたり行われるのがほとんどで、会社の規模にもよりますが、1～3人の税務署職員が担当します。朝10時から夕方5時まで、気になることがあれば顧問税理士や社長に質問しながら、帳簿や領収証などを細かくチェックする、というのがおおよその流れです。

税務調査が入っている間、その場にずっと同席している社長さんが結構いるようです。恐らく、税理士の指導によるものだと思います。

税務署からは事前に、「できれば社長さんは会社に居ていただきたいですが、仕事があれば、そちらを優先して構いません」と伝えられます。

生真面目な社長さんは、何もかも自分で対応しようとするようです。中には、「税理士から同席を求められた」という社長さんもいました。

税理士には、税務調査において税務代理の権限があるので、社長が終始、調査官に対応する必要はありません。税理士に任せればよいのです。

社長に代わり税理士は質問に答えることができ、税理士では判断がつかない場合は、「社長に確認して後で回答します」としておけば、なんの不都合もありません。

むしろ、私は、税務調査の間、社長さんには仕事をしておいてほしいです。クライアントにもそのように伝えています。

というのも、税務調査官の質問に社長が下手に答えてしまうと、後になって訂正するのが大変だからです。社長の発言をきっかけに、課税されるべきでない案件に税金がかかることもあり得ます。

こちらの対応次第で、調査官の判断が変わることは往々にしてあります。

特に、社長が直接対応をすると、こういった問題がよく発生します。税務署は税金を取りに調査に来ているのですから、社長がずっと同席するということは、調査官を喜ばせるだけです。

社長さんには、初日の最初の2時間と最終日の終わり2時間だけ、現場にいてもらえれば十分です。この時間帯は、社長にしかわからない質問が出ることが多く、最終日には社長の印鑑が必要な場合があるからです。

それ以外の時間は、社長が税務調査に立会う必要はまったくありません。

基本、税務調査は税理士に任せ、社長さんは外で仕事をしましょう。課される税金を少なく抑えられるかもしれません。

印鑑を押す前に交渉せよ

税務調査で申告内容の誤りが見つかれば、調査官が税務調査終了時に修正申告書を作成し、社長はそこに印鑑を押すことになります。印鑑を押したら税金額が確定し、後から変更することはできません。

そのため、もし修正申告の内容に納得できなければ、押印する前に税務署との交渉が必要です。

気の弱い社長さんは、税務調査を早く終わらせたいあまり、言われるままに印鑑を押してしまいがちです。

しかし、税務署の判断に少しでも納得のいかない部分があれば、すぐに押印すべきではありません。

税務調査に対応するうえでポイントとなるのが、税法に対する「理解力」と税務調査官との「交渉力」です。

税務調査の現場では、税法に則って、こちらからも理路整然と考えを主張する必要があります。税法に対する理解度が浅ければ、税務調査には対応できません。

税法への理解度を3段階に分けると、

まずは、税法を知っているかどうか。

最低限の法律の知識がないと、税務調査官と対峙するのは難しいでしょう。

2段階目は、税法の実務での使われ方を熟知しているか。

経理の現場における税務運用にまで、知見を広めておかなくてはなりません。

最高レベルの3段階目は、裁判事例に精通しているかです。

過去の判例を根拠にこちらの主張を通すことができれば、交渉を有利に運ぶことができます。

このように、税務調査に対応する際には、法律に対する深い理解が求められます。

そして、もう一つ重要になるのが交渉力です。

税務署が一つの現場にかけられる時間には限りがあります。となると、調査官は調査を期間内に無事完了させるため、会社側との妥協点を見つけ出す必要に迫られます。

そこで、こちらとしては、最終交渉の場で自社の主張をできるだけ押し通せるよう、画策する必要があります。

例えば、問題点を10カ所指摘されたとします。ただこれは、税務署のふっかけかもしれません。

そこで、こちらから「10カ所全ては受け入れられない」と交渉を始めると、「3カ所くらいは見逃そう」といった提案が調査官から示されるかもしれません。

腕の立つ税理士であれば、「ここからさらに2~3カ所……」と、さらに踏み込んだ交渉に持っていきます。

これが税務交渉のリアルです。

税理士には経験の豊富さと、タフな状況にも立ち向かえる交渉力が求められます。

また、税務署が、「強気な案」と「妥協案」の2種類を準備していることもあります。まずは強気な案でこちらの反応をうかがい、交渉を進めるうちに妥協案を提示してくるのです。

いずれにせよ、税務署からの提案を、そのまますぐに受け入れてはいけません。押印する前に、こちらはこちらの考えをしっかりと主張しましょう。

どのような状況でも怯むことなく、交渉を有利な方向へと持ち込むには、経験豊富な税理士でなければ難しいでしょう。私の事務所で税務署のＯＢを採用しているのもそういった理由からです。

事実、彼らのおかげで、会社側の主張が想定以上に認められたケースは少なくありません。

税務調査では、対応する税理士の経験の差が、最終的な納税額に大きく影響します。ぜひ経験豊富な税理士を味方につけてください。

すでに顧問契約を結んでいる税理士がいても、税務調査の期間だけ別の税理士に依頼することも可能です。

調査官によって納税額が変わるってホント？

税務調査官によって、徴収される税金の額は大きく変わります。また、税務調査が入るタイミングも納税額に影響を及ぼします。

なぜ、税務調査官と調査が入る時期によって、納税額に差が出てしまうのか。

まず、調査官それぞれにバックボーンの違いがあるからです。

例えば、定年後に再雇用された税務署職員の場合、税務調査は比較的スムーズに終わることが多いです。再雇用された調査官は、給与が減額となっているうえ、この先の昇進も見込めません。仕事への意欲がどうしても低下しがちです。

一方、30代、40代の調査官による税務調査は、厳密に行われる傾向があります。働き盛りの彼らは、ここで結果を残して昇進を目指しているのでしょう。

また、ベテランと1年目の新人調査官が二人一組で調査を行うことがあります。ベテラン調査官は教育担当として、新人の指導にあたります。

ベテラン調査官は新人の前で模範を示さなければなりません。一貫して、「例外は許さない」といった空気が漂っています。

そのため、最終交渉がなかなか進みにくく、「こっちを認める代わりに、こっちは見逃して……」といった、いわゆる「おみやげ」を差し出しても、妥協してくれないことが多いです。

たしかに、新人の前で例外を認めては、教育上良くないことは理解できます。

ちょっと変わった経歴といえば、地方税務署から国税局に異動になり一定期間勤務した後、再び地方税務署に戻ってきた調査官がいました。

この調査官は、国税局で調査経験を積んでいるため、なかなか手強く、「これは脱税です」とかなり高圧的な態度で、こちらの提案はことごとくはね除けられました。

税理士業界で必読とされている『10年職歴』という、国税職員の名簿があります。書籍化され（株式会社税経）、アマゾンでも購入できますので検索してみてください。

ここには税務署職員の過去10年間の役職が記載されています。

税務調査前には税務署から電話があり、調査官の名前が告げられるのが一般的です。『10年職歴』を使えば、税務調査を担当する調査官の経歴を事前に調べることができます。

私の事務所でも、まずは調査官の経歴を確認し、特に国税局戻りの調査官が担当となったら、社長にも帳簿を見直してもらうなど、税務調査に向けて入念な準備を行います。

また、税務調査の時期によっても、調査官の心持ちはかなり違うようです。

税務調査は4～12月に実施されるのが通例とされ、特に徹底的に調査が行われるのが7月ごろと言われます。

税務署の人事異動が実施されるのが7月10日ごろ。その後1年間は基本、異動がないため、税務調査にもじっくりと時間がかけられます。そのため、税収が多く見込めそうな企業が調査対象となり、当然、調査官の気合いの入り方も違ってきます。

一方、11月は、比較的小規模な法人・個人を対象に行われ、調査は短期間で終わる傾向があります。これは、1月から署内が確定申告の準備で忙しくなるため、年内に調査を切り上げたいという調査官の心理が働くからです。

年末の税務署内では、未完了の案件があると、朝礼などで早く調査を終わらせるよう尻を叩かれるそうです。そのため、「このあたりで終わりにしませんか？」と調査官側から折れてくれることもあり、交渉がやりやすいうえ、調査も終始スムーズです。

このように、担当する調査官と税務調査の時期によって、調査内容も結果も大きく変わってきます。調査官もヒトなので、全ての税務調査を一律に扱えるはずはありません。ここに税務調査の限界があると私は思っています。

税務調査は何年さかのぼる？

税務調査の対象となる決算書、確定申告書は、調査内容によって過去3年、5年、7年分とされています。基本的には、過去3年分の決算書、帳簿や領収証などの確認が行われ、調査は終了します。

ただし、この3年分の調査で同じミスが繰り返され、過去にも同じようなミスを犯しているのではないかと税務署に疑われた場合、対象が5年分に延長されます。

「同じミス」とは、例えば消費税10％を再三5％で計算しているなどです。継続性が疑われると、調査対象期間が延長されます。もちろん、税理士の勘違いによってミスが繰り返されていた場合も同じ扱いになります。

交際費などを一、二度誤って計上した程度では延長の対象にはなりません。

ここで問題とされるのは、**意図的に税金逃れをしようとしていたのか、それとも単なるミスかということです。**

5年分を調査し、単なるミスとわかれば、3年分の調査で終わります。脱税が疑われると、さらに7年分へと調査対象が延長されることになります。この違いはとても大きいです。

税務署は少しでも税金を徴収したいので、単なるミスも脱税とし、7年分の調査に持ち込もうとする傾向があります。

ここで会社側と調査官との間で、ある意味戦いが繰り広げられます。

単なるミスなのか、それとも意図した行為なのか。

税務調査に慣れている税理士であれば、「意図的に税金を逃れていたとする根拠は何ですか？　これはよくあるミスではありませんか？」と調査官に反論できるはずです。

しかし、調査に慣れていない税理士が対応すると、ミスをしていたという後ろめたさから、調査官に説得されてしまいます。当然、税務に詳しくない社長が表に立っても勝ち目はありません。

繰り返しますが、調査対象期間が3年分か、あるいは7年分になるかの判断基準は、税金逃れを意図的に行っていたかどうかです。不正を働くつもりはなく正直に申告しているのであれば、ミスはミスとして認め、調査官に言いくるめられないよう、毅然とした態度をつらぬきましょう。

脱税と認定されると、調査対象期間の延長だけでなく、重加算税が課されます。

重加算税を課された法人・個人は税務署のブラックリストに載り、以後、税務調査が頻繁に行われるようになります。

単なるミスなら、調査官の圧力に怯むことなく、しっかりと己の潔白を主張すべきです。

修正申告で最悪の事態を避けろ！

税務調査対応を専門としている弊所にはさまざまな相談が寄せられますが、その中には、明らかな申告漏れ・脱税も見受けられます。

例えば、銀行口座の一つを申告していない、などです。このような状況で税務調査を受けて指摘をされたら、もう議論の余地はなく、申し開きをしても相手にされないのは火を見るより明らかです。

こうなると、税務調査前にやるべきことは一つ。

調査開始日までに修正申告してしまうのです。

あまり知られていないかもしれませんが、税務調査前に修正申告をしても問題はありません。自ら進んで先に修正しておけば、「脱税がバレるのではないか」

とヒヤヒヤすることがなくなります。警察に自首するのと同じですね。

極端な例を挙げれば、1億円の脱税をした状態で税務調査に入られるよりも、事前に修正申告することで、納める税金額を引き下げることができます。

この話を聞いて、「脱税で捕まる前に、自分から申告してしまおう」と考える人もいるのでないでしょうか。

申告後に間違いが見つかった場合も、修正申告を強くおすすめします。

ちなみに、修正申告をされると、調査官は肩透かしをくらったかたちになり、かなりがっかりします（笑）。

「書面添付制度」を利用して調査が入らないようにする

「税務調査に入られないに越したことはない」というのは、全経営者の総意だと思います。そこで、御社に調査が入らないよう、その確率を下げる方法を紹介したいと思います。

「書面添付制度」を利用するのです。

書面添付制度とは、いわゆる、税務署の代わりに調査を行うことで、確定申告時に税理士が、「会社に税務上の問題がなかった」と保証書のような書類を添付します。この制度によって税務署の負担が減らせます。

税務署が、日本中の全ての法人・個人に税務調査を実施するのは不可能です。

そこで、その役割を税理士にも担ってもらい、税務署が直接調査を行う件数を減らすことを目的としているのです。

ところが、この制度はあまり広く知られておらず、利用する法人・個人もまだまだ少ない状況です。

1年間に税務調査の対象となる法人・個人の割合は、100社（者）に対して3～4社と、3％ほどです。

書面添付制度を利用した場合も、この数字は同じなのですが、実際に調査官が立ち入って調査が行われる確率は低くなります。

申告時に添付された書類をもとに、調査官が顧問税理士に確認するだけで調査は終了となるからです。

書面添付制度による税務調査では、調査官はまず税理士に意見聴取を行います。

書類の作成にあたり、どのような税務チェックを行ったのかを尋ねます。

ほとんどの場合、この意見聴取で調査は終わります。

私の所感では、書面添付制度を利用した場合、法人・個人が直接税務調査を受ける確率は３％から１％に下がります。

メリットの多い制度にもかかわらず、そもそも、多くの人がこの書面添付制度の存在を知りません。

恐らく、税理士の多くが、「面倒なことになる」と感じているからだと思います。

税理士にしてみれば、確定申告時に余計な作業が増え、しかも、その対価分の報酬を十分に得られるわけではありません。

「こんな制度は初耳だ」という経営者もいらっしゃるかもしれません。

書面添付制度の利用に消極的な税理士が多いようですが、「できるだけ税務調査を避けたい」という経営者は、この制度について顧問税理士に尋ねてみてはいかがでしょうか。

税務署ＯＢと事前対策をする

税務調査が入ると決まったら、少なからずの不安を抱く経営者がほとんどではないでしょうか。

そんな経営者へのサービス（有料）として、「税務調査の事前対策」を提供する税理士事務所があります。

実際の税務調査と同じように、税理士が事前に、決算書や帳簿、領収証などを細かくチェックします。

チェックするのは、かつて税務調査をする側だった税務署出身の税理士です。

そのため、リアルな模擬調査が行われます。

そこでもし問題が見つかれば、税務調査が入る前に修正申告ができます。税務署に指摘されそうな点については、本番できちんと説明できるよう準備しておけます。

私の事務所でも同様のサービスを提供していますが、残念ながら、あまり一般的ではないようです。そこまで対応できる経験豊富な人材は少なく、「サービスの提供は難しい」というのが税理士の本音だと思います。

税務調査に対して特に不安を感じている方は、このような事前対策のサービスを利用してみるのも一つの手だと思います。

執拗に重加算税を取りにくる税務調査官

中告漏れを見つけると、税務署は勇んで重加算税の適用を主張してきます。重加算税は、故意に税金逃れをしたときに課される追徴課税です。例えば、所得隠し、架空経費の計上、二重帳簿の作成などです。

重加算税が課されると、納税額に加えて、さらに不足税額の35～40％を支払わなければなりません。

お恥ずかしい話ですが、以前、私の事務所で、売上の記載漏れというミスをしたことがあります。クライアントから書類を預かり、作業をする中で、スタッフが会計ソフトに入力するのを忘れていたのです。

税務調査の際に中告漏れが発覚し、重加算税を課されそうになりました。

これは明らかに税理士事務所によるミスです。経営者が故意に行ったわけではないため、重加算税にはあたらないとされるのが一般的です。

にもかかわらず、調査官は脱税とみなし、重加算税を主張してきました。

最終的には、我々の説明に理解を示し、主張を取り下げてくれましたが、故意ではない明らかなミスであっても、税務署は、帳簿に記載されていない売上は脱税とし、重加算税を求めてきます。

税務署がここまで重加算税の徴収に貪欲なのは、恐らく、調査官個人の評価につながるからでしょう。

私の感覚では、普通に１００万円の税金を集めるよりも、たとえ10万円であっても、重加算税を徴収することに喜びを感じる調査官が多いように思われます。

国にとっては税収の大きな１００万円のほうが有益ですが、調査官はたとえそれが少額の納税でも、重加算税をプラスすることに躍起になるのです。

ということは、この点を税務調査の交渉の場で活用するのも一つの手だと私は思います。前述のとおり、税務調査の結果を左右するのは交渉力です。

重加算税を交渉材料として、調査官と話し合いの場を持ちます。例えば、「重加算税を支払う代わりに納税額を少なくできないか？」と提案することができるでしょう。

ただし、一度でも重加算税を課された法人・個人は、税務署のブラックリストに載り、以後、税務調査の対象となりやすくなるので注意が必要です。

重加算税を支払うのであれば、今後の会計業務はより慎重に行い、毎年、完璧な帳簿を準備する覚悟が必要になるでしょう。

調査官泣かせの反論フレーズ

税務調査官から一言、「この領収書は経費で落とせません」と指摘されただけで、多くの経営者はその言葉を真に受けて、経費にするのを諦めてしまいがちです。

しかし、調査官には立証責任と説明義務があります。つまり、調査官が何かを主張する場合、その理由を調査対象者に示さなければなりません。否認指摘をするのであれば、その否認指摘の根拠を示さなければならないのです。

調査官から指摘を受けやすい経費の一つが、交際費です。

ある店の領収証が50枚あり、合計金額が500万円ぐらいとして、恐らくこの場合、「同じ店に行きすぎているから」といった理由から、経費としては認められないでしょう。

しかし、一つの店を頻繁に利用したからといって、そこでの支出を経費として認めないというのは、必ずしも正しい判断とは言えません。なぜなら、利用回数が多いから経費にならないとは、法律には書いていないからです。

また、一度の会食で１００万円という高額な出費についても、調査官は、「高すぎるので経費にはならない」と指摘するでしょうが、これも法的根拠はありません。

同業他社の平均額を大きく上回っていることを理由に、交際費の使いすぎを主張する調査官も少なくありません。

このような場で、私であれば、「一つ一つ、経費でない根拠を示してもらってもいいですか」と反論します。

全ての交際費について、経費にあたらないことを立証するとなると非常に時間がかかり、困難を極めます。面倒くさくなり、否認を取り下げる調査官がほとんどです。

税務調査では、「社会通念上」という言葉がよく使われます。

「他社と比べて交際費を使いすぎているから」といった言い分の拠り所となっています。

しかし、この主張が正当かどうか、私は非常に怪しいと思っています。

というのも社会通念とは何なのか、基準が曖昧だからです。

「金額が大きい」「回数が多い」は、否認の根拠にはなりません。

結局のところ、税務調査は法律に則り、論理的に行われなければなりません。

調査官の主観だけで、白黒つけることはできないはずです。

参考

国税庁／確定申告を間違えたとき
https://www.nta.go.jp/taxes/shiraberu/taxanswer/shotoku/2026.htm

日本税理士会連合会／書面添付制度
https://www.nichizeiren.or.jp/taxaccount/document/

おわりに

少子高齢化の進行にともない、上がることはあっても下がることはないと言われる税金。将来に不安を抱く方もいらっしゃるでしょう。

しかし、私はそこまで悲観していません。

正しい知識を持って対応していけば、十分乗り越えられるからです。

私が一番やってよかったと思う節税法は、自己投資です。

書籍やセミナー、コンサルティング、交際費などにお金を使い、自分の知識や人脈を広げてきました。これらの出費は、もちろん会社の経費です。

特に、人脈を広げることにお金をかけるべきです。

なぜなら、「人脈が変われば人生が変わる」と言っても過言ではないからです。

大前研一さんの言葉にも、「人生を変えるには時間の使い方、住む場所、人間関係の三つを変えるしかない」とあります。

しかし、多くの人は、付き合いのある人たちの顔ぶれが、一年前とほとんど変わっていません。

人脈が変わっていないのなら、人脈を広げることに経費を使っていくべきです。

私は自己投資をし続けることで、税金の高い日本で資産1億円をつくることができました。

次は私の周りの人たちに、いまの時代をうまく乗りこなし、充実した人生を送ってもらいたい。そんな思いでこの本を書きました。

本書を通じて、節税の知識を深め、より良い判断を行っていただくことを願っています。

また、紙面の都合で、本書では書き切れなかった節税ノウハウが、まだまだたくさんあります。そこで読者特典として、みなさんにお届けすることにしました。

より実践的で、すぐにでも役立つ節税法をまとめています。

世界中から選りすぐりの情報を集め、実際に私のクライアントに提案しているノウハウを特別にお披露目いたします。

興味がある方は、次ページよりぜひお申し込みください。

永江将典

読者限定

本書には書けなかった節税ノウハウを動画でプレゼント！

世界中からネタを収集！ 本書著者・永江将典が、
これまでストックしてきた節税ノウハウをあなたにもお届けします。

優遇税率を徹底的に活用して
1000 万円以上、節税するノウハウ

税務調査もOKだった
5000万円の税金を500万円にする方法

節税しまくりながら
1億円を貯めた実例　　**など**

右の QR コードから LINE 登録して、
「節税動画」とメッセージを送ってください。

1 日 1 本、節税情報をお届けします。

もっと手取りを増やしたい！という方は
ぜひチェックしてみてください。

著者
永江　将典（ながえ　まさのり）

公認会計士、税理士。税務調査に年間200件以上対応する税理士法人エール代表。

1980年愛知県生まれ。2003年、早稲田大学理工学部卒業。同年、公認会計士試験に合格し、監査法人トーマツへ入社、一部上場企業の監査や、株式公開支援など約30社を担当。その後、トヨタ自動車に転職し、2012年に独立。独立後３年間は年収150万円だったが、2015年から３年間で全国５カ所に事務所を構える。2018年に法人化し、税理士法人エールを設立。

著書に『税金でこれ以上損をしない方法』（翔泳社）『トヨタを辞めて時給15円に堕ち、シンガポールで覚醒し、40歳でFIREした話。』（サンライズパブリッシング）がある。


税務調査立会い年間200件！

ギリギリを攻めたい社長のためのグレーな税金本

2024年９月10日　第１刷発行
2024年11月５日　第２刷発行

著　者　永江将典
発行者　杉浦秀光
発　行　信長出版
〒160-0022
東京都新宿区新宿７丁目26-７　ビクセル新宿１F
発　売　サンクチュアリ出版
〒113-0023
東京都文京区向丘２丁目14-９
TEL 03-5834-2507
装　丁　井上新八
印刷・製本　モリモト印刷株式会社

IBSN978-4-8014-8108-4　Printed in Japan